THE TENTH WAVE OF WEALTH

财富第十波2.0

通证时代的数字黄金

谢林俯　法兰克◎著

中国财富出版社

图书在版编目（CIP）数据

财富第十波 2.0：通证时代的数字黄金 / 谢林俯，法兰克著．—北京：中国财富出版社，2019.10

ISBN 978－7－5047－6975－6

Ⅰ．①财…　Ⅱ．①谢… ②法…　Ⅲ．①贵金属－投资－基本知识　Ⅳ．① F830.94

中国版本图书馆 CIP 数据核字（2019）第 135705 号

策划编辑	刘　刚　杜　亮	**责任编辑**	张冬梅　郑晓雯		
责任印制	梁　凡	**责任校对**	卓闪闪	**责任发行**	张红燕

出版发行	中国财富出版社		
社　　址	北京市丰台区南四环西路 188 号 5 区 20 楼	**邮政编码**	100070
电　　话	010－52227588 转 2098（发行部）		010－52227588 转 321（总编室）
	010－52227588转100（读者服务部）		010－52227588 转 305（质检部）
网　　址	http://www.cfpress.com.cn		
经　　销	新华书店		
印　　刷	固安县京平诚乾印刷有限公司		
书　　号	ISBN 978－7－5047－6975－6/F · 3066		
开　　本	880mm × 1230mm　1/32	**版　　次**	2020 年 1 月第 1 版
印　　张	8.5	**印　　次**	2020 年 1 月第 1 次印刷
字　　数	170千字	**定　　价**	68. 00 元

通证经济实验室编委会

序言一

技术与共识进化人类文明新高度

人类始终拥有三个终极梦想：

时间自由——永生，

空间自由——在宇宙空间自由穿梭，

财富自由——享受顶级生存所需的资源。

这任何一种自由，在很多人看来都是痴人说梦。

那么，真是如此吗？

永生本质可以分解为基因编码与信息处理：基因决定了寿命长短，人类文明如果发展到可以从基因层面干涉生命，绝对可以大大延长人的寿命；你是谁，取决于你在生存中一次次选择后形成的记忆（信息）与大脑对这些记忆的处理，现在的科技已经能够留存你的一切记忆，如果能够破解人类大脑处埋信息的密码，人机互联，将你的意识上传到网络或空白机器人中，你就能获得永生。

人类能不能获得空间自由取决于我们的飞行速度，

虽然目前我们的发动机和燃料（包括核燃料）都无法满足我们遨游宇宙，但是人类科学技术和科技理论一直在进步，反物质燃料、虫洞研究，谁也不能否认人类在未来的某一天终将获得遨游宇宙的能力。

财富自由，从个人层面看，是在“基本”的生活需求得到“持续”保障的前提下，有足够的资本可以“自由”地投入该做或想做的事情中，随着人类社会生产力的提高，人类分工协作分配方式的日益进步，每一个人都将更加富有；从宏观层面看，也就是对生命来说财富自由等于能量自由，而人类现在拥有的一切财富也都是来自太阳能量的不同形式转化，在微观上人类如果能够控制核聚变，将实现总体财富的巨大飞跃，宏观层面则可以建立“戴森球”①，获取绝大部分能量，一个绝对财富极度丰裕的社会也将出现。

总之，看到此处，我们应该明白：人类的三大梦想并不是不能实现的，但必须依靠科技与所有人类的协作。在浩瀚的宇宙中，人类作为一个并不强大的整体，只有发展科技与高度协作，才能生存和发展。而在人类文明中，合作与共识也一直是最重要的组成部分，是人类得

①戴森球：弗里曼·戴森在1960年就提出的一种理论。所谓“戴森球”其实就是直径2亿千米，用来包裹恒星开采恒星能的人造天体。这是一个利用恒星做动力源的天然的核聚变反应堆。

以凌驾于万物之上、主宰地球的根本原因。

但是，人类作为一种高度智慧的复杂群体，不仅存有共同的远大梦想，也不缺乏因曾经的“地理隔离”所产生的种族狭隘（其实这也是一种共识）及争夺生存资源的自私。以人类早期“地理隔离”为基础，资源的争夺也让人类文明逐渐孵化出了一套包含国家、地区、企业等大大小小中心化组织的中心化社会。

我们无法否认，几千年来，中心化社会极大地促进了人类文明的快速发展。但是今天，全球人口的不断增长，物质需求的不断提高，地球资源的日益匮乏，自然环境的持续恶化，以及因贫富差距所导致的阶级矛盾日益激化，都在限制着人类群体总体生产力的提高，人类文明的发展瓶颈越发显著，让我们不得不对人类的中心化社会进行理性反思。

人类的文明程度与科技发展息息相关；

合作和共识始终是人类文明最重要的推动力量。

从工业革命到信息时代，科技发展推动了社会进步，从机器到互联网，技术变革影响了未来社会的进步方向，互联网也连接全球信息和资源，人类从未如此亲近、彼此了解，人类正在经历建立更高层次共识的过程。然而，中心化社会却因缺乏信任而合作不畅，因缺乏透明度而无法达成共识，这些合作的阻力也成为当今影响人类社会发展的关键因素，一直以来也无法得到根本解决，直到区块链和通证经济出现。

区块链使得人类有史以来第一次通过技术手段彻底解决信任问题，并将信任引向最高境界——去信任化。

通证经济的共识信任体系让人类打破时空限制，敢于信任，拥抱合作，从而连接形成一个完整的共同体。

从人类发展的长远角度看，区块链技术的产生是人类自由意志的体现，通证经济的运用是通过科技和一种全新的去中心化“制度”推动人类文明发展的大势所趋，打破了对于隐私、财富、协作、分配甚至自由等传统观念的认知，在未来的通证世界中，去中心化思想创新自由不是问题，去中心化思想是对平等和自由的诠释，当思想自由时，世界会更加富有创造力。

价值共享、财富自由不是问题，财富将源于群体的价值共识、共享，并将以去中心化的方式重新定义和分配。

共识连接人类协作不是问题，当建立了更高层次的共识，人类便会更好地协作，创造更高的价值，从而彻底消除社会发展中的矛盾和冲突。

甚至在人类三大终极梦想中的时间自由和财富自由中，通证经济也有着实现的潜质：通证世界是与现实“镜像”的世界，区块记录你的行为、交易及权益，且不可篡改，是最佳的信息处理技术手段；通证世界的财富是你现实世界多元化财富的“映射”，在个人层面你将获得多元的生存所需资源。

总之，通证经济将以信息技术的力量，重塑人类的共识、协作方式，推动人类文明进入发展的新阶段。

也许你觉得这些言论有点言过其实，甚至抱着嘲笑、怀疑的态度。确实目前它们尚处于早期发展阶段，在现实社会中的运用也未大规模落地，但是不被嘲笑的梦想，不值得奋斗！

1884 年，尼古拉·特斯拉用一张图纸和一个轮盘向人们证明，美国电力可以走进千家万户，而绝非只能服务工业，但是不到 2 分钟，他的图纸就被最具科学权威的爱迪生当场撕碎，所有人嘲笑他不自量力。然而，那个轮盘成了人类历史上第一台交流发电机，那张被撕碎的图纸成了今天 220V 民用电的最早蓝图。

1903 年，美国北卡罗来纳州上空出现了一个“怪物”，发明者声称它能像鸟一般飞翔，但是不到 1 分钟，“怪物”掉落，发明者沦为大家口中的骗子和笑柄。然而这个“怪物”却是人类历史上的第一架飞机，当年那个不起眼的高度，把人类文明推进到了一个新高度。

2008 年 10 月 31 日下午 2：10，中本聪出现在网络上，给自己周围同样爱好密码学的几百个人发了一封电子邮件说：“我最近发明了一个新的电子现金系统，这完全是点对点的，无须任何可信的第三方。”但是大家都觉得他信口开河，没有人当真。然而，很快在 2009 年 1 月 4 日，中本聪创造了比特币世界的第一个区块——“创世区块”，就这样一台电脑、一个人、一双手，硬是开创了一个“金矿帝国”，惊艳世人。

……

我们需要像他们一样敢于挑战传统，保持一颗孩子般的初心去让整个时代进化。今天，我们的骄傲也不是一夜暴富，不是全球第一，而是经历了现实的质疑与打击之后，依然想要靠自己的努力拥抱通证时代，创造生命的新高度，甚至开创人类文明的新纪元。

菜鸟国际资本创始人　谢林俯

通证经济实验室创始人　法兰克

2019 年 10 月 12 日

序言二
通证，未来的“数字规划局”

电影《时间规划局》曾向我们描述了这样的人类未来：

在未来，人类可以随心所欲地操控时间，改写年龄。在人类社会，不管一个人活多久，他的年龄被永远定格在25岁（因为没有了自然死亡）。为了避免人口膨胀，人类社会抛弃了以往的货币，改用时间作为流通货币。一个人的时间用完之后，这个人就会死亡。

而以时间为货币的人类世界是怎样的呢？

贫富差距悬殊、富人压榨穷人、阶级矛盾尖锐。富人拥有数以百万年的时间，可以肆意挥霍，而穷人只拥有皮毛，对他们来说，时间就是生命，不努力不作为就意味着生命会消耗殆尽，这是那个社会的规则。

于是，主人公为了力促社会资源公平分配抢劫银行“劫富济贫”，将时间平均分配给穷人。

然而这样的“平均分配”就是好的吗？

影片最后，因为每个人都有充足的时间，所有人不再工作，也不再急急忙忙地赶路，最后的镜头中，人们浩浩荡荡地结队走向富人区的方向……可是这是违背自然法则的：世界没有绝对的公平，物竞天择，适者生存，自然界因此发展进化，人类社会也是如此。当人人都因公平分配过上富人的享乐生活，整个世界格局也必将混乱。

因此，整个影片带给我们的最大启示是：

对现实的影射，反映当前贫富差距悬殊、矛盾尖锐的社会现状；

世界需要规则，在规则里面，人们才能克服群体行为的不理性；

分配公平不等于分配平均。

那么，既然人类最为宝贵的财富——时间也无法给我们带来一个更为美好的人类世界，我们还可以依靠什么来更好地获得财富，更好地促进当今社会、经济的发展呢？答案是通证经济！

通证经济中的 Token，最早是计算机身份认证中的“令牌”，代表执行某些操作的权力的对象。随着区块链技术的发展，其含义也逐步扩大，形成了今天的“通证”概念：通证是可以流通的数字权益凭证，有三个基本特点——可流通、可证明、有价值。基于 Token 设计通证系统便形成了通证经济，其核心不在于 Token 的发行本身，而在于整个系统能够形成生态持续发展，作用于当前的实体企业，甚至改变人类的生产关系、组织形态、分配制度，促进未来人类社会向着更为公正、公平的美好方向发展。

通证经济的本质是数字经济。

在通证经济体中，所有的客观经济对象都是以数字和比特的方式存在，从而创造了一种基于数字体验和服务的经济模型，这种模型的核心是使用。

由于数据和比特的边际成本几乎为零，能够带来强大的网络效应，形成以平台和生态为主的网络社区，社区依靠共识和规则运行，将不再是单纯地以贫富来对人类进行“阶级划分”。

通证系统的核心不是企业，而是去中心化的网络社区，系统中每个人自由连接，且有合理、科学的激励机制，人人都可以通过自己的贡献获得相应的 Token 报酬，并运用 Token 流通、交易，能够真正实现公平、公正地按劳分配。

所以，通证经济为我们打造的将是一个“数字规划局”，Token 是其“数字黄金”，是价值的衡量尺度、交换的媒介、资产的重要形式之一，能够产生三个正向效果。

在经济增长上，不会再单纯地以数量为指标，而是真正地强调满足每个个体的价值需求，从而更好地激励个体发挥自身能力，创造价值。

在个体价值上，异质化社会资本效应得到体现，如在通证社区基于业缘或趣缘关系建构的同事型社会资本、兴趣型社会资本，基于某一公益目的而形成的公益型社会资本等，每个人都会依据这样的“共识资本”价值去做出选择和决策。

在收入分配上，以使用权而非拥有权为核心，会大大降低收入分配问题带来的冲突和不稳定。

也许看到这里，你还是无法想象未来“数字规划局”的世界是什么样子，在其影响下公司或组织是什么样子，未来的产业模式会是什么样子，未来人类的资产形式是什么样子……其实，你不用担心这些未知，因为本书来了。

本书立足当今世界经济现状和发展趋势，为你解读通证经济发展的必要性及潜在的风口特性。

要领性地分析区块链的核心技术特点，让你对当前企业发展困境的突破方法有一个前瞻性、技术性的认知。

从区块链的密码学原理，到 Token 分类、设计的前提、自检制度，再到设计的 5 个技术环节，系统解析通证经济的设计原理，为传统行业通证系统建设提供全面参考，并借用传统商业画布模型构建通证画布工具，给你完善的通证设计方法论。

将传统行业可能涉及的通证类型进行提炼、分析，并利用通证设计方法论辅助案例参考，助你落实自身行业通证系统建设。

结合人类社会、经济的历史进程、发展本质、发展规律，宏观认知通证经济未来的发展态势及经济魅力，为你揭示未来人类社会经济发展的挑战与机遇。

一本通用的通证经济“使用手册”固然重要，但是最关键的还是我们自身在此次变革中扮演怎样的角色：是学习者、跟随者，还是创新者、变革者，还是观望者？不同的角色必然也相应地获得不同的结果。

当然，不管人类社会如何变革，世界再怎么高速运转，充满挫折的创业不会被替代，对世界的好奇不会被替代，温暖的拥抱不会被替代，对幸福生活的追求不会被替代……学习的能力、创新的能力以及善良的能力，会是今后 5 年、10 年，甚至更长时间里追求幸福生活的根本动力。所以，不冒进、不贪婪、不违规，以学习之心、以创新之心、以善良之心操作 Token 这个数字黄金，才是通证经济发展之正道。

浩天国际资本联合创始人　聂翔飞、张忠浩

2019 年 10 月 18 日

引言
区块链风云录

区块链从诞生到发展虽然才10余年时间，却历经了风云变幻，矿圈、币圈、链圈，“你方唱罢我登场”，“城头变幻大王旗”，并各自有着自己的“势力范围”。

区块链早期没有什么应用性的功能被具体利用，以加密数字货币回报为王，主要流行于对互联网技术有追求、有信仰的技术员中，是典型的“草根理想主义”，于是矿圈率先登场。

1. 矿圈三大势力

矿工，坚定的加密数字货币信仰者。

矿机生产商，有需求就有商业，如比特大陆、嘉楠耘智。

矿池，矿工的合作挖矿“基地”，如中国内蒙古、新疆等地矿池。

随后，随着比特币的影响扩大，加之加密数字货币与智能合约相结合，在金融领域拥有广泛的场景性应用，人们开始热衷于加密数字货币的投融资方式，于是币圈登场。

2. 币圈三大势力

投资者，想了解和参与数字货币投资的前卫人群（当然不乏投机者）。

交易所，为用户提供数字货币交易服务的平台，如火币、币安。

ICO、IPO 项目，为加密数字货币或区块链项目筹措资金，如以太坊。

接着，人们逐渐发现区块链在金融行业之外的各行业的应用场景，能够满足更加复杂的商业逻辑，区块链也从单纯的技术和加密数字货币投融资演变为通证经济，于是链圈登场。

3. 链圈四大势力

行业领袖，行业有地位人员开始进场，并诞生通证经济领袖式人物，如孟岩、元道。

优秀创业者，如移动社交应用陪我 App 创始人、锐波创始人、波场 TRON 创始人孙宇晨。

巨头企业，如微软启动“Azure 区块链即服务（BaaS）”计划，航运巨头马士基推出区块链跨境供应链项目，腾讯发布《腾讯区块链方案白皮书》与可信区块链项目。

传统的VC、传统天使投资人，如推特的创始股东埃文·杜菲尔德入场，成为达世币Dash创始人，还有美国硅谷的创业黑手，他们也纷纷进入。

可以说，矿圈是区块链技术的初成长；币圈是区块链技术的“非理性”应用，也对数字身份、智能合约等基础设施进行了构建；链圈是将区块链技术进行升级式认知和改造，从而研究、试验通证经济这个新事物在各个行业的应用前景及对该行业产生的革命性影响。

当今，链圈正在逐渐成为主流，它以通证经济链通实体的方式，正在让区块链领域从“割韭菜”的行为转变为创造价值的行为。而这才是打开未来商业世界的“正解”。

目录

CONTENTS

第一章 | "链通"基础——人类数字生存条件

当经济越来越全球化、互联网络也不断壮大时，生产力要素数字化渗透、生产关系数字化重构、经济活动数字化走向……社会的生产方式被打上了浓重的数字化烙印，我们正在"数字化"地生存……

01 被互联网开启的数字时代 / 2

02 区块链带来的技术余震 / 9

03 将被重构的商业生态 / 15

第二章 | "区块芯法"——互联网时代的商业内核

人类社会历史的前进，源于思想理念的进步和制度手段的变革。区块链是信息互联网时代转向价值互联网时代的技术核心，技术所爆发出来的魅力，正在逐渐作用在我们的商业制度和思想理念中……

01 去中心化：决胜下一个互联网时代 / 24

02 信任驱动：激发商业新动能 / 30

03 系统共识：未来价值"网络化" / 35

04 通证社群：新良性共生生态 / 39

第三章 | 加密经济——通证“架构法则”

通证时代，我们希望数字网络能够创造价值，拥有足够的安全性并保证我们集体成长。为了达到这个目的，我们将目光聚焦在了加密经济上，通过使用密码学工具、博弈论以及经济机制为参与者搭建框架，建立一个安全、值得信任和有价值的系统，并为所有人创造价值。

01 什么是加密经济 / 48

02 加密经济密码学基础 / 54

03 加密经济经济学基础 / 60

第四章 | 设计思路——实体通证系统谋略

从传统经济的此岸到达通证经济的彼岸，中间的河流就是过渡阶段，往往波涛汹涌、惊涛拍岸，所以我们需要更加小心，利用策略、时间和定力，将传统经济优势与通证优点相结合，使通证经济实现对实体经济的赋能，最后在自然的状态下将传统经济融入通证经济的汪洋大海之中。

01 通证的实体化之路 / 68

02 通证系统建设的必要前提 / 74

03 传统行业通证必要性评估 / 82

04 设计新法，商业画布新运用 / 89

第五章 | 模型构建——商业画布通证用法

关于通证经济中通证系统的作用，不能简单地用一个技术方案去解决，而是要在理解整个系统生态以及整个行业特性之间的内在逻辑之后，找到一种结构性、制度性的要素变化，才有可能解决问题。

01 价值定位：打造通证“价值点”/ 98

02 用户细分：找准目标客户 / 103

03 关系设计：建立“共识法则”/ 108

04 上链设计：技术驱动核心资源优化 / 117

05 结构治理：链上链下行为规范 / 125

06 系统运营：社区化运营 / 134

第六章 | 行业落地——八大通证形式设计

相对于传统行业，也许今天的通证经济项目是散落在商海上的离岸孤岛，但是孤岛形成了 Token 应用国度。随着越来越多行业领域的落地，如溯源、内容生产、生活服务、商业积分等领域，岛屿上将会渐渐繁荣起来，并彼此交织互联，最终打破与“大陆”的隔离，成为传统行业发展的“基础设施”。

01 货币模式：资产或行为货币化 / 142

02 资产模式：权益数字化通行 / 148

03 数据模式：个人数据价值挖掘 / 154

04 溯源模式：品质控制上链 / 162

05 共享模式：共享经济新突破 / 169
06 内容模式：重构创作与消费关系 / 176
07 服务模式：服务智能化撮合 / 184
08 积分模式：构建用户忠诚体系 / 191

第七章 | 链接未来——解构人类新秩序

新的生产关系诞生，新的社会价值网络架构，更加数字化的货币系统——通证经济正在人类商业的发展规律、价值本质、价值体现这三大维度，释放变革的能量，打通未来通路，未来已来！

01 生产关系迭代 / 202
02 “价值网络”遍及全社会 / 209
03 人类货币系统大冲击 / 217

第八章 | 通达天下——数字维度下的新文明

数字经济包含两个过程，一是资源数字化，二是数字资产化。AI、IoT，能够很好地实现数据化，但是唯有与通证经济相结合，才能让数字资产化，赋能实体经济。而“AI+loT+Token”，也会是我们思维和意识的一次“数字化升级”过程，从而由外而内地真正构建起人类社会新文明。

01 人类纯理性“生命体”诞生 / 228
02 商业文明新征程 / 234
03 链起人类命运共同体 / 242

CHAPTER 1 | 第一章

“链通”基础
——人类数字生存条件

当经济越来越全球化、互联网络也不断壮大时，生产力要素数字化渗透、生产关系数字化重构、经济活动数字化走向……社会的生产方式被打上了浓重的数字化烙印，我们正在“数字化”地生存……

THE TENTH WAVE OF WEALTH

01 被互联网开启的数字时代

向太阳学习，它照在近处，也照在远处。

——《圣经·以赛亚书》

数字，曾起源于非常实际的目的和运用，然而从食物统计到结绳记事，从土地测量到推理演绎，人类社会逐渐从自然界中抽象出数学的过程本身就是一个奇迹，令人感动，数字也在四个方面满足了人类的需求：

认知——越是抽象的，越是本质的，认识物质世界的构成；

测量——量化的标准制定，分配和调派资源；

记录——数据和财富的积累；

预测——推理演绎系统，改进生活条件。

到了21世纪，我们把人类文明形成的数字赋予计算机，数字技术在人类生活中的重要地位、强大功能与深刻影响加速彰显①。

与其说互联网技术引爆了一场人类社会的技术变革，不如说依托互联网技术的数字化开启了一场颠覆性的人类社会变革。

数字在人类文明中如太阳光一般存在，贯穿人类社会发展始终，也积攒了足够的能量，现在它将要爆发，开创一个新的历史纪元，人类社会的政治、经济、文化正在作为“史前史”，被数字化重新书写。

数字化链通时代正在到来……

10年前，没有新能源汽车，没有柔性生产线，没有无人车间，没有社区电商，没有供应链金融，没有“一带一路”……今天，在网络热搜榜排名前100的名词中有一半以上是10年前没有的。

在数字化时代，各行各业的构成要素都在不断演进，时代在改变我们，我们也在改变这个时代，同时我们也可

① 参见《重返数学史的黄金时代，由数学推动诞生的人工智能，一部人类智慧形成的历史》，搜狐文化，http://www.sohu.com/a/293588111_642678（访问于2019年2月）。

以切身地感受到三个显著的变化。

1. 市场关系变了

不管环境如何变化，商业的本质没有改变，但是企业与用户、员工之间的关系却发生了很大的变化：

用户的需求变得多样化、个性化，他们已经不是“被动”的商品购买者、接纳者，而是越来越具备“主权”优势的中心力量，商业参与性正在逐渐渗透企业产业链的各个环节。

员工的个体价值崛起，曾经是员工为企业打工，现在是企业为员工赋能，尤其在服务行业、知识产业以及关键技能行业，员工已经不是以劳动来换取报酬的雇员，而是正在逐步转变为支持公司并有权利获知其相关信息的“自由代理人”或“志愿者”。

2. 商业基础设施变了

在互联网 1.0 及之前的时代，商业的基础设施是门店、车间、商品、员工……互联网提供的是从线下走到线上的“嫁接服务”，发生的是销售渠道拓展、宣传渠道拓展、销量转化等“物理反应”，商业在互联网这个拐点处进行“弯道超车”。

进入互联网 2.0 时代后，线上线下逐步融合，互联网技术也得到快速发展，特别是在互联网 3.0 时代，社区经济、粉丝经济、共享经济、通证经济……已经让互联网由提供“嫁接服务”转为“链接服务”。一方面，互联网思维的普及和企业互联网化转型升级，让商业道路难有拐点且大同小异，便只能“换道超车”，开创性地换成“共享高速”“社区高铁”“通证飞机”等；另一方面，企业与用户的链接、人与人的链接、物与物的链接，各种各样的边界正在被逐渐打破。这样的链接发生在我们的心智中，是对认识和行为的颠覆，产生的是新需求、新模式、新组织等“化学反应”，商业的基础设施也变成了大数据、云计算、区块链、物联网……

3. 商业底层逻辑变了

互联网时代的数字从以 atom（原子）到以 bit（比特）为核心特征，基于大数据、云计算、区块链等新兴商业基础设施，对知识、技术、媒介进行系统化重构，消解了边界固定的物理时空对人类认知的限制，重构了自由开放、灵动流通、虚实交互的商业时空及人类认知方式、呈现形态、传播渠道与理解环境，商业的底层逻辑也从竞争走向共生。

战略，曾经的战略以竞争为核心，强调的是市场占有率；现在的战略则是以共生为核心，强调的是资源整合能力。

组织，曾经的组织形式是自上而下的层级式管控；现在的组织注重的是对个体价值的平台赋能。

管理，曾经的管理是分治，在层级式管控的基础上，各自在“一亩三分地”之中做好本职工作；现在是彼此连接，共生于同一个网络，追求的是信息共享、利益共赢。

这样的变化揭示了我们正处于数字经济时代“商业启蒙运动”的开端，我们也正在试图在这样的运动中探索出一整套适合数字经济时代的经济学逻辑。

数字经济驶入快车道的经济学逻辑

我们身处一个变革的时代，无论这种变革是以“互联网 +”为标志，还是以个体价值崛起为标志，变革的事实已经成为共识。

在这样的时代，虽然土地、劳动力和资本等经济学家认定的生产要素还在起作用，但是已经不再是核心要素，因为拥有知识的人以及互联网技术，正在让这些传统的生产要素发生移动和聚合，数字经济也因此诞生。

1995 年唐·塔普斯科特最早提出“数字经济”，这一概念常被认为是互联网经济或信息经济的代名词。

《二十国集团数字经济发展与合作倡议》定义：数字经济是指以使用数字化的知识和信息作为关键生产要素、以现代信息网络作为重要载体、以信息通信技术的有效使用作为效率提升和经济结构优化的重要推动力的一系列经济活动。[①]

① 参见《二十国集团数字经济发展与合作倡议》，G20 官网，http://www.g20chn.org/dncgwj/201609/t20160920_3474.html（访问于 2019 年 5 月）。

《中国数字经济发展白皮书（2017）》定义：数字经济是以数字化的知识和信息为关键生产要素，以数字技术创新为核心驱动力，以现代信息网络为重要载体，通过数字技术与实体经济深度融合，不断提高传统产业数字化、智能化水平，加速重构经济发展与政府治理模式的新型经济形态。[①]

虽然对数字经济的概念定义不一，但对其特征的理解大同小异。

数据是新的生产要素；

数字经济的基础设施是互联网技术；

数字经济构成包含数字产业化和产业数字化两部分；

经济组织形态呈现平台化、多元化、共享化。

数据这个生产要素，更侧重于使用而非占有，加上数字经济的基础设施——互联网技术，强调的是工具属性，更多的是开放性的、被使用的技术，故而数字经济是以使用权而非所有权为核心的市场机制，其本质更接近于使用权交易。虽然大数据、云计算等技术已经成为数字经济不可或缺的基础设施，但是真正能让数字经济爆发无限魅力的将会是区块链技术和通证经济。

① 参见《中国数字经济发展白皮书（2017）》，来源：中国信息通信研究院，中华人民共和国国家互联网信息办公室官网，http://www.cac.gov.cn/2017-07/13/c_1121534346.html（访问于 2019 年 2 月）。

基于数字经济兼具产业化和数字化的双重属性，Token 发行本质是内部价值交换过程中所形成的价值衡量单位，也会是一种使用权转移，企业通过 Token 能够更高效稳定地运行并快速扩张成为网络化组织，而区块链的加持则提供了一个高效的交易网络机制来保障整个使用权交易的信用生态。

理解了以上的数字经济逻辑关系后，我们就可以将区块链技术和通证经济的落地场景，放在实体经济数字化的实际运营中去讨论，而不是局限于如何去掠夺实体经济的存量优势，或者单一追求所谓的以颠覆传统金融为代表的虚拟经济。

02

区块链带来的技术余震

物有本末，事有始终。知所先后，则近道矣。

——《礼记·大学》

区块链技术和通证经济会是数字经济的爆发窗口。

然而，2018年各方资本涌进区块链行业，各路豪强登场，不断地加快通证经济的应用落地之时，概念炒作、为链而链、泥沙俱下的情况依然存在。各行业一方面见证了区块链及Token场景化应用呈现逐渐增多的趋势，认识到Token的发展是时代必然；另一方面对区块链、Token鱼龙混杂，还未出现真正落地、现象级应用的焦虑也在蔓延。

任何事物的发展都有一个过程，区块链已经从 1.0 走到了 3.0 阶段，正在日益为我们呈现其技术魅力和清晰的发展路径，其所带来的技术余震远远还未结束，我们要做的便是“知所先后”，“近道”而为。

区块链中场开启……

随着区块链技术的发展、通证概念的深入人心及市场环境的不断成熟，区块链进入 3.0 阶段已经在 2018 年上半年成为区块链业界达成的“共识”。

区块链 1.0 是以比特币为代表的虚拟货币阶段，是最典型的代表，其发展得到了欧美等市场的接受，同时也催生了大量的数字货币交易平台。

区块链 2.0 是“区块链 + 智能合约”阶段，智能合约与货币相结合，为金融领域提供了更加广泛的应用场景。

区块链 3.0 是区块链在金融行业之外的各行业的应用场景，能够满足更加复杂的商业逻辑。

区块链 1.0 是萌芽期，只满足虚拟货币需要，虽然蓝图很庞大，但是却无法普及其他行业；区块链 2.0 是区块链技术尝试性的一次延展运用，利用智能合约的优势在金融领域技术落地。

但是这两个阶段是区块链初露头角的上半场，很多人只是为新技术的出现激动、欢呼，或者沉浸在新技术带来的巨大冲击中，在有效的发展路径不明朗、不理性的状态下，抱着先下手为强、一夜暴富的心态投资、操作，故出现了炒币、山寨币、ICO 等乱象。

区块链 3.0，历经乱象阵痛的人们开始了理性的回归和深思，深刻认识到区块链技术的特点及优越性，更是认识到一直隐藏在区块链背后的通证，着眼点已经从虚拟货币转移到通证价值，从技术颠覆转移到行业赋能，以便推动更大的产业改革，共同吹响了区块链中场的哨声。

那么，区块链中场的哨声已经吹响，下半场该怎么玩？

杀手级应用是关键

虽然 2018 年是数字资产发展十分艰难的一年，但是除了行情暴跌外，其他有关数据都在涨。比如，中国工商总局数据显示，截至 2018 年年底，国内区块链相关企业有 19000 家，而 2017 年年底为 5000 家，也就是说，仅 2018 年一年，就有约 14000 家新注册企业。[1]

与之强劲发展态势相得益彰的是区块链已经可以支撑大规模的商业应用。

① 参见《区块链经济学者朱幼平：杀手级应用爆发是牛市基础》，金色财经，https://www.jinse.com/news/bitcoin/308050.html（访问于 2019 年 2 月）。

比如，美国伊利诺伊州政府用区块链技术追踪医疗执照，IBM 推出基于 Stellar 的区块链支付网络，西班牙第二大银行 BBVA（西班牙毕尔巴鄂比斯开银行）通过区块链发放贷款，索尼公司开发基于区块链的数字版权管理系统，中农网农业区块链平台搭建……[①]

从功能上我们可以看到区块链在应用上已经有很多实际的例子。但是我们又不得不承认，区块链身上依旧有点“阳春白雪”。区块链要想深入人心，必须出现大规模杀手级的应用，就像我们今天看到的支付宝、微信，成为人们日常生活中不可或缺的存在，这样才能让人们真正使用区块链，使区块链真正普及。

在 2019 年发端，有人认为，区块链应用会遍地开花，也必然会涌现众多的杀手级应用，并归纳了以下这些应用领域：

新金融，支付结算领域会率先发展；

数字资产交易，确权和防盗版，传统互联网业务区块链化；

基于存证的数字法务；

代替网商彻底告别假货的链商；

① 参见《忘掉币价 一文详解全球 50 大区块链应用案例》，新浪财经，http://finance.sina.com.cn/blockchain/roll/2019-01-15/doc-ihqhqcis6260201.shtml（访问于 2019 年 3 月）。

真正的商品溯源；

基于分布式账本的财会系统，替代复式记账法；

替代大数据信用的区块链共享经济，适用房地产、医疗、教育、出行、能源、旅游等很多大行业；

救助终于有逻辑闭环模式；

政府主导下打通资金进入实体经济，摆脱房地产依赖的新型智慧城市；

监管沙盒[①]，告别造假和权力寻租。

好的创业项目和商业模式，直面的都是商业的本质问题，而任何一个现象级的应用都离不开高频、痛点和刚需这三点，区块链同样如此。站在区块链的下半场这个时间节点上，没有杀手级应用，区块链将没有前途，下半场也必然会带来杀手级应用。

区块链领域的创新点多，迭代速度快，能够让一个真正有能力的创业者手握杀手级应用，瞬间超越所有对手。在人类的发展史上，似乎也从来没有哪次革命能够像区块链技术一样，短时间创造大量的财富神话。未来，曾

① 监管沙盒：Regulatory Sandbox，又称为监管沙箱。这一概念由英国政府于2015年首次提出，按照英国金融行为监管局（FCA）定义，监管沙盒是一个安全空间，在这一空间中，监管规定有所放宽，在保护消费者或投资者权益、严防风险外溢的前提下，尽可能创造一个鼓励创新的规则环境。金融科技企业可以在其中测试创新的金融产品、服务、商业模式和营销方式，不需要担心在碰到问题时立刻受到监管规则约束。

被少数中心化机构所掌握的财富价值也将通过区块链和通证经济分配到每一个贡献者手中，互联网将从“古典”的历史关口真正迈入“新价值”时代，人类的商业生态将被重构。

03

将被重构的商业生态

逝将去汝，适彼乐土。

——《诗经·硕鼠》

对于区块链和Token，很多人是分开来看待的。

其实，没有Token的区块链不过是一种企业数据库的技术升级，没有区块链的通证经济只能是小范围的小打小闹，两者结合才能引发变革。

而在通证经济中，商品数据化、服务数据化、数据区块化、区块通证化、通证流通化、流通激励化，逐渐形成一个通证经济体，将极大地改变人类商业社会的传统商品流通、媒介及发行所带来的流通问题，颠覆人类财富方式，诞生更高级的人类文明新经济体。

通证经济是当今时代经济的一道曙光，面对这道曙光，我们的目光一定要向前，摒弃旧有的思想观念和行为习惯，充分认识到这道曙光所蕴含的力量，从而到达人类商业新乐土。

从生产关系看 Token 的变革潜力

从个体生产到家庭联产，从单一结构到合伙制、私营制共存再到股份制……人类经济史上的每一页，书写的其实都是人类生产关系的改变。

只是，今天，随着生产力的提升，从个人角度看，一方面，简单劳动力被机器所取代，未来人工智能更是会极大冲击劳动力市场；另一方面，全球互联让每一个人都是自媒体，人人都可以是“超级个体”，人的思想认知、创造力、注意力更为重要，高知识人员之间的共识产生的价值越来越大。从企业角度看，人才越来越稀缺，产能、产品过剩及消费升级让竞争更为惨烈，众多企业处于艰难的转型升级阶段。

于是，有一个声音开始越发响亮：“是时候变革生产关系了。”“通证经济”概念也应运而生。

在网络通信中，Token 的原意是指“令牌”“信令”。之后，随着区块链概念的普及，以太坊及其 ERC20 标准的出现，任何人都可以基于以太坊发行 Token，因此它便被翻译成了“代币”，并被人们接受。但是“代币”只是 Token 的一种特殊形态，更准确的翻译应该是“通证”，即“流通”和“权益证明”，可以代表任何权益证明。

简单理解，通证是可流通的加密数字权益证明。它有三个基本特征：

数字权益的证明，以数字形式存在的权益凭证，代表的是一种权利，一种固有的和内在的价值。

可流通性，能够在网络中流动，随时随地被验证，同时高流通性也能带来高溢价。

加密，通证的真实性、防篡改性、保护隐私等能力，由密码学予以保障，每一个通证就是由密码学保护的一份权利。

而在 Token 基础上诞生的通证经济的实质是生产关系的变革，是一种伴随高素质劳动的稀缺而进化出来的更高级的生产关系组织形式，Token 是实现这一组织形式的有效途径，也将会成为新的价值载体。

人类将以数据及系统进行分工协作。

数字化权益证明，将让数字成为一种新的资产形式，并能够被流通、交易。

数字价值与现实中的基本价值建立联系，如基于房产、版权产生房屋交易通证、版权确权通证。

那么，通证经济是如何促进生产关系变革的？

通证经济体四大作用

通证经济依靠通证经济体（通证模型）运行，也就是搭建一个集合规模、角色界定、流通边界、共识机制等一系列的动态运行机制和成长路径，实现的是“价值创造—自由交易—共同受益”的闭环生态。这样的运作方式将会给企业传统组织运作模式带来极大冲击。

1. 实现权益流转的去中心化

利用区块链分布式记账法及智能合约功能，权益发行、交易的确认得以解耦[①]，从而可以形成真正全球性的扁平化权益网络，带动全球性交易的大爆发。

2. 能够提升经济效率

通证经济体可以实现充分的市场化，每个组织和个人都可依靠区块链以前所未有的速度流通、交易。而这样的流通、交易因其分布式记账的方式及加密算法，无法被任何人或组织干涉、篡改。而当我们每个人、每个组织都能通过各种通证飞速流转交易时，我们的生产和生活方式将被完全改变。

3. 激励机制将激发参与者的热情和活力

通证经济体以通证作为激励手段，鼓励系统中的各个参与者积极参与通证经济体建设，贡献力量、资源、信

① 解耦：用数学方法将两种运动分离开来处理问题。

息，并按照区块链共识规则获得收益和奖励。在区块链统一规则下，参与的收益和奖励取决于对通证经济体做出的贡献，由此激发生态中参与者的激情和活力。这彻底改变了以往的激励机制，从根本上调动了社区参与者的内在积极性和创造性，充分激发经济体的活力，促进经济的持续增长，效果不亚于我们从“大锅饭”到“包干到户”的转变。

4. 生态逻辑完全颠覆

在通证经济体中，通证持有人可同时作为用户、投资人，或者消费者和投资人，生态逻辑被完全颠覆，每一个企业都可能成为一个生态型企业，这有效地将消费者、交易、流通、生产、制造、加工各个环节进行一场深刻的融合式变革。

另外，大家从兜里掏钱无非两个目的——投资和消费，这也是通证 3.0 最大的两个实现场景。针对这两个场景，投资是理想的，消费则是为了让自己开心，如果一个通证项目不考虑“开心”这种心理维度的激励，特别是不考虑趣味性、成就感、荣誉感，可能会让项目发展进入一个非常逼仄的空间，甚至会由于社群成员难以建立长久的关系及有效的互动，成为只能靠消息放盘的割韭菜项目。因此游戏化专家刘沐真与孟岩对话时认为：游戏化是通证经济的必由之路[①]。元界 DNA 创始人初夏虎则阐述了：良好的用户体验是区块链应用落地的重要因素[②]。

通证经济可以颠覆人类的生产生活方式，重构我们的商业生态，就像曾经的互联网一样。现在，它只是刚刚开始，每个人都可以参与到这场游戏中来，拿起通证经济这个商业“核武器”，改变自己，改变企业，改变未来。

① 参见《游戏化是通证经济的必由之路——与游戏化专家刘沐真的对话（上）》，https://bihu.com/article/1882778409?i=2fAH&c=1&s=23pWFH&from=timeline&isappinstalled=0。

② 参见《元界 DNA 创始人初夏虎：良好的用户体验是区块链应用落地的重要因素》，https://mp.weixin.qq.com/s/ep85m0vZfuJ65Vu0YRc79Q。

数字黄金启示

谁熬过了寒冬，谁才有资格迎接春天。

区块链下半场已经开启，通证经济的逻辑和意义已经显现，数字经济将进入大爆发阶段，未来是个人权益价值的时代，而且只要有信仰就可能会成功。

所以，通过这一章的阅读，

你感悟到“数字”的魔力了吗？

区块链未来的发展之路在哪里？

通证经济的魅力到底在何处？

对你自己及企业有什么样的启发？

数字黄金启示

CHAPTER 2 | 第二章

“区块芯法”——互联网时代的商业内核

人类社会历史的前进，源于思想理念的进步和制度手段的变革。区块链是信息互联网时代转向价值互联网时代的技术核心，技术所爆发出来的魅力，正在逐渐作用在我们的商业制度和思想理念中……

THE TENTH WAVE OF WEALTH

01

去中心化：决胜下一个互联网时代

> 生财有大道，生之者众，食之者寡，为之者疾，用之者舒，则财恒足矣。
>
> ——《大学》

2008年，当全球市场正在遭受前所未有的金融危机时，中本聪发布了一种点对点的现金系统及基础协议——比特币，并发明了一种新的互联网协议——区块链，以分布式计算技术为基础设定了一系列规则，使数十亿元设备在脱离可信第三方机构的情况下，可在彼此之间安全地交换信息。

为此，世界震惊了，区块链也释放了这个世界的想象空间。世界各地的有识之士开始纷纷思考和尝试理解这个绕过中心化平台便可轻松实现流通、交易的新互联网技术及其潜在影响力，而这在以前是从来没有发生过的。

不可否认，区块链正在慢慢改变这个世界，越来越多的人将被纳入各类通证经济体，一边快速地共同创造着新的价值，一边公正、有效地获得自己的贡献所得，并逐渐瓦解寡头垄断，开创一个全新的去中心化的公平时代。

去中心化为何意义重大

从 20 世纪 80 年代到 21 世纪初，互联网服务建立在互联网社区控制的开放协议上，巨大的网络属性在这个时代开启，人们可以扩大自身网络的存在，这个时代也是雅虎、谷歌、YouTube 等平台爆发的时代。

但是随着营利性科技公司，尤其是谷歌、苹果、Facebook、亚马逊等企业开发的软件和服务迅速超过了开放协议的能力，加上移动互联网应用逐渐成为互联网使用主流，越来越多的用户从开放服务迁移到更加复杂、中心化的服务。

对于这样的转变，好消息是我们能够在中心化平台上便捷地获得惊人的技术，而且其中很多技术是免费的；坏消息是初创企业、创作者以及其他创意群体组织在中心化平台制定的规则内，不得不丧失“主权”被迫“分享”利润，且上升路径已被封死，想要扩大自身的互联网影响力越来越困难。中心化也造成了更广泛的社会紧张、焦虑局势，虚假新闻、巨头流量垄断、网络安全问题……无不暴露着这种紧张和焦虑。

同时，中心化平台遵循这样一个可预测的生命周期。

运行初期，为了使自身的服务更有价值，它们会尽一切力量（比如免费）来招募用户和第三方进行补充，如开发者、企业、媒体组织，因为平台的定义是具有多方网络效应的系统，此时彼此之间是“正和”，你我在相互合作的基础上，创造了新价值，从而让双方都变好。

稳定上升期，中心化平台对用户和第三方的影响稳定上升，但是经历过前期的选择、淘汰，此时留在中心化平台的各类玩家，已经势均力敌，胜率都是差不多的，长期来看彼此之间不赢不亏，逐渐演变成一个“零和”游戏。

鼎盛时期，中心化平台形成垄断趋势，并拥有了完善的系统化服务，中心化平台“庄家”手段开始显现，一方面开始收取“场地费”和“服务费”，让平台各类玩家，在总收入不变的情况下，额外承担了其他费用，平台游戏变成“负和”游戏，庄家成为最大的受益者；另一方面，中心化平台开始打压任何有危险的创意技术和平台，如微软对网景、谷歌对 Yelp、Facebook 对 Zynga。

随着时间的推移，越来越多的人已经开始认识到中心化平台的游戏规律，最优秀的企业家、开发商和投资者都开始对中心化平台的创建变得谨慎。此外，用户放弃隐私以及对自身数据的控制权，承受着安全漏洞风险，这些问题在未来都有可能变得更加突出。

然而，对这种中心化的应对手段，长期以来就是对大型互联网公司实施政府监管。而政府监管不过是将互联网看成是类似过去的通信网络，如电话、电视网络、无线电。可是互联网与这些通信网络有着本质的区别，通信网络是基于硬件建立起来的，几乎不可能被重构，而互联网是以软件为基础，可以通过技术创新和市场力量进行重构。

所以，政府监管不过是治标不治本，唯有运用互联网技术的创新，对互联网进行重构，逐渐淡化中心化色彩，建立新的“网络秩序”。

区块链担当去中心化大任

区块链自诞生以来，去中心化一直被业界认为是区块链的核心属性之一。

那么，区块链去中心化具体含义是什么？

以太坊创始人 Vitalik Buterin 曾在 2017 年 2 月发表的 The Meaning of Decentralization 一文中，详细阐述了去中心化的含义。他认为应该从三个角度来区分计算机软件的中心化和去中心化——架构、治理和逻辑。[①]

架构，区块链是基于对等网络的分布式核算和存储，不存在中心化的硬件或管理机构，任意节点的权利和义务都是均等的，因此在架构上是去中心化的。

治理，在区块链网络中不存在中央控制方，没有一个节点可以控制或协调账本数据生成，系统中的数据块由整个系统中具有维护功能的节点，依靠共识算法来共同维护，因此治理是去中心化的。

逻辑，区块链将计算权利由“人”转移到“物”，极大助力计算机计算自动集成资源，是一个可扩展性非常强的弹性计算技术支撑，不仅比现有的云计算更加准确、公正，且打破了云计算这样的单一整体性特征，系统呈现的接口和数据也更为多元化、多样化。

也正是在架构、治理、逻辑上的去中心化特点，区块链将更好地打破中心化的种种弊端，使中心平台及机构没有“作恶”的机会，关掉那些个别人、个别企业才有的“上帝视角”，更好地保护我们的财产、隐私、权益等，服务和机遇也不再由一个中心化的机构或个体包揽，而是将权限分散给每一个参与的个人，更加公平、公正。

① 参见《为什么说去中心化是区块链最根本的特征？》，http://baijiahao.baidu.com/s?id=1596812349907089582&wfr=spider&for=pc（访问于2019年2月）。

最后需要注意一点，去中心化并不是就要去监管（这是目前很多人对去中心化的认识误区）。

监管与去中心化并不冲突，去中心化去除的是中央控制方和中介方，而不是监管。区块链技术从来不排斥监管，监管节点也可以方便地链入任何一个区块链网络。由于区块链的公开、透明，监管机构反而可以更为方便、有效地监控整个系统的交易数据，并且因区块链的防篡改特性，还可杜绝数据造假蒙蔽监管，更有利于监管机构对市场行为进行监督。未来，区块链也会成为监管科技[1]的一项重要工具。

① 监管科技：2017 年中国人民银行金融科技委员会成立，明确声明“强化监管科技（Regulatory Technology，AKA：RegTech）应用实践，积极利用大数据、人工智能、云计算等技术丰富金融监管手段，提升跨行业、跨市场交叉性金融风险的甄别、防范和化解能力”。

02

信任驱动：激发商业新动能

我要为他存留我的慈爱，直到永远；我与他立的约，必要坚定。

——《圣经·诗篇》

信用，作为这个世界最稀缺、昂贵的资源，在人类社会发展过程中经历了从相信物到相信人再到相信物的多个阶段，人们也曾为此付出过巨大的代价。为了解决信任问题，规避道德风险，人们不得不将一笔笔交易拆分成多个环节，形成多个交易主体。交易成本经济学家威廉姆森甚至认为市场价格和企业权威是协调现代经济的主要机制，因为信任关系太难得，维系成本太高。

于是，当区块链技术由于分布式、智能合约而构建的新信任体系，改变了人与人之间的信任方式，其在全球便一夜爆红。

区块链技术已经越来越得到各方的认识和关注，正在成为下一代互联网基础设施，而在新商业环境下，区块链去信任化的交易环节的减少带来成本大幅下降，会是企业非常重要的受益点，也将会是人类社会新的“契约形式”。

人类社会信任机制的变迁及危机爆发

人类文明的起源是从交易开始的，交易的有效、持续进行需要一定的信任机制和体系来维护，这个体系需要具备三个要素：交易工具、交易记录、交易权威。

在几千年前，人类的交易工具是一些可以被广泛认可的特定物件，如贝壳、宝石，并被用来衡量商品的价值，此时的交易记录凭借交易者的记忆或结绳记事。一旦交易出现争执，便由氏族、部落的头领作为公平、公正的权威人进行调解。

随着时间的推移，交易工具变成了金属，交易记录则变革为纸质账本，记账方式变成了汇票，银行成了权威机构。此时，信任关系完成了一次大转移，由原来的物及特定的人，转变成了数字和账本。

如今，人类商业已经高度文明，早已打破地域限制，互联网的出现让这种地域局限更是彻底粉碎，每天都有几千万亿元的资金流转、推动全球经济的持续运行，信用卡已经成为当前的主要交易工具，中央银行和政府成了垄断的交易权威，而交易账本则在计算机和计算云里完成记录。

然而，在信任体系日益庞大的同时，人类的信任危机正在爆发。

在激烈的社会变革中，由于人贪婪、趋利避害的本性，社会各阶层间的信任基础变得非常脆弱，稍有风吹草动就很容易造成彼此间信任的瓦解，特别是互联网时代，人们通过网络互联，一个个信任问题开始赤裸裸地显现在我们面前。

以金融为例。互联网金融和金融科技让传统金融基础设施发生了颠覆性的变革，一方面货币数字化流通、交易更为便捷，支付方式层出不穷；另一方面中央银行的独立性和权威性受到挑战，集中的账本和数据体系被黑客攻击的事件层出不穷，尤其是金融数据支持技术和网络协议的更新与金融创新和市场需求相比已经严重滞后，影响了行业发展，现有的信任体系岌岌可危。

而信任危机会反作用于社会，进而加剧社会变革，因此，我们面临着信任体系的再造。

区块链再造信任体系

区块链将可以让人类无地域限制、以去中心化的方式来进行大规模协作。然而，这一切都是建立在区块链去信任化的基础上的，它在交易工具、交易权威和交易记录三个方面实现了对信任体系的再造。

1. 交易工具——Token

任何个人、组织在链入区块链时都可以发行 Token，为自己信用背书，并将自己的各类权益资产化，可在其搭建的交易平台中流通、交易，为个人信用背书或信用变现提供一个完美渠道。这样大家即便是初次见面，也无须费力去识别眼前这个人，只需非常简单地通过他的 Token 便可了解他的信用、认识他的价值，从而判断这个人到底值不值得交往和交易，并用 Token 完成彼此之间的交往、交易。

当然，目前区块链技术还未能发展到具有彻底变革交易工具的能力，但是随着越来越多企业的链入，当人类商业体系全都以区块链为链接，交织成一个巨大的商业网络系统时，人类的交易工具必然会再次发生改变。

2. 交易权威——智能合约

区块链以智能合约的形式，自动、安全地交换数据，整个系统的所有节点都不需要人为干预，使得整个系统中的所有节点能够在去信任的环境下运行，从而将对“人”

的信任改成了对机器的信任，并在没有第三方信用背书的情况下，实现在一个开放的平台上进行远距离的安全交易，且保存所有的历史记录，整个过程透明可跟踪、不可篡改，任何人为的干预都不起作用，打破了传统信任机制的权威形象，消解了传统信任机制的信任隐患。

3. 交易记录——分布式账本

在区块链上的整个交易过程中，所有的参与信息、行为都会保存一份完全相同的账本，一旦对账本数据进行修改，所有的副本数据很快就会做到同步，并且在这种分布式的技术特点中，每一笔交易都有一个独一无二的时间戳，可以很好地避免重复支付的产生，极大地降低了传输、交易过程的复杂和风险。

在没有中心化的第三方情况下，区块链极大地解决了陌生人之间的信任问题，这项伟大的技术将可能改变经济学家对信任成本的看法，为我们带来“智能信任”的新未来。

马云曾说，相信是一种能力。没有信任，就不会有宗教；没有信任，就不会有政府；没有信任，就不会有货币。国家、法律、宗教、金钱、公司、商业，现代人类社会的活动本质上就是建立在信任基础上的商业故事，人类的每一次进步也是基于信任。而未来人类社会的进步将会由区块链重构的人类信任体系所引领。

03

系统共识：未来价值“网络化”

若网在纲，有条而不紊。

——《尚书·盘庚上》

人类能从地球上各种生物中脱颖而出，成为世界主宰，不是因为生理特性上有多么强大的优势，胜出的关键因素是形成的大规模群落式合作，而在这个合作过程中一个最主要的关键因素就是拥有相当程度的共识。

纪律严明的军队能够击败散兵游勇，志同道合的“精英联盟”往往能够主导无序的大众，人类的历史也证明了，胜利几乎永远属于合作意识强、合作顺畅的一方。

只是当今社会发展越来越多元化，很多人认为人与人之间似乎也越来越难以达成共识。真是这样吗？未必！

区块链完美的共识机制，撬动人类社会发展所依赖的资源本质，在人类意识深处进行了一次意识重构，使人与人之间的合作形成了一张强大而高效的价值网络，正在改写人类的共识系统。

曾经的共识符号——劳动、土地和资本

经济基础决定上层建筑，共识虽是意识层面的概念，然而其背后发展的客观基础却是人类社会发展资源的变革，因资源的不同，也产生了不同的本质性的共识符号。

原始社会，人类茹毛饮血，有劳有得，按劳分配，劳动是维系生存的关键动作，这时的共识符号是“劳动”。

封建社会，人类进入农耕时代，土地的重要性便凸显出来，此时多数战争的本质是对土地的掠夺，这时的共识符号是“土地”。

资本社会，人类进入机器生产时代，圈地运动兴起，人口的“工厂聚集”，资本“看不见”“看得见”地操纵着一切，这时的共识符号是“资本”。

不得不承认，当今我们依然未能摆脱“资本”这个共识符号，而这个共识符号所带来的最伟大的发明就是股份制公司，从根本上改变了组织形态，与当时的生产力、生产关系完美联合，创造了一系列的奇迹。

1553 年，英国成立第一家皇家特许公司——莫斯科

公司，英国一跃成为日不落帝国；随着公司的长足发展，美国以占制造业 90% 产值的惊人业绩迅速崛起，之后上市和并购促使美国日益强大，股份制企业的巨额融资产生了美国八大财团……自此，资本一直到现在如同黄金一般，成为全球人类的共识。

只是，金融危机、黑天鹅事件、国际贸易冲突……资本作为人类唯一度量衡的蜜月期开始接近尾声，生产资源和要素也因互联网的出现而改变，数据正逐渐成为商业发展不可或缺的资源，以募集资金为核心的资本结构的现代公司组织方式，将逐渐被以贡献激励为核心的通证结构的新兴经济组织方式所颠覆，人类的共识符号将再一次发生改变。

人类共识符号的高阶变迁——Token

多年来，随着互联网的发展，产生了大量的数据，形成了丰富多元的产业生态，人们也逐渐萌生了数据即资产的意识，深刻认识到这些数据及生态除了传递信息之外，亦可以代替传统的资金成为新型流通资产。

此时，亟待出现一个能够为数据流通提供衡量标准的新型度量衡，将数据资产化、数字交换货币化，对数据流通、交易定价，还原数据其本身价值。

另外，共识是人类意识层面的概念，很难被记录和见证，且容易被修改、误解。为此，各大组织为了维持共识，花费了大量人力、物力、财力，这一点我们可以从各大 500 强企业投入的巨额宣传费中窥见一斑。

作为随着人类数字时代诞生而来的互联网新技术——区块链，依靠智能合约、激励机制构建新型共识系统，能去中心化、去信任化地高效链接、流通、交易，最大可能地摆脱原子世界的种种限制，纯理性地将共识量化，极大降低共识的构建和维护成本。更为重要的是，其流通“因子”——Token 会是新一代共识价值符号。

作为权益数字凭证，可充当数据度量衡，为整个通证经济提供价值锚定的基准。

作为通证经济体的共识流通凭证，可将人脑中意识世界的形态固化、凝结到无差别的、具有共识性的数字形态中。

作为通证经济体的奖励凭证，自治、自发地进行共识激励和维护，形成价值化网络系统。

在这个基础上，Token 的背后承载的将是巨大且复杂的经济运行体系和分配机制，是一种更高阶的价值符号，通证经济也会成为人类协作的新型设计架构。

人类历史和社会不是在缓慢爬行，而是跳跃式发展。曾经蒸汽机让我们从封建社会个体作坊的断层上跳跃到了资本社会公司制、股份制的发展断层上；如今的互联网，特别是区块链所带来的全新的共识形式，将让我们从资本的断层跃上通证社群价值共享的发展断层。

04

通证社群：新良性共生生态

因为在你那里，有生命的源头：在你的光中，我们必得见光。

《圣经·诗篇》

21 世纪初，维基百科与 Encarta 竞争。如果当时你有将这两款产品做比较，你会发现 Encarta 主题覆盖面更好，准确性更高，是更优秀的一款产品。但是维基百科有一个积极的、去中心化的志愿贡献者社区，这些志愿者在社区精神的引领下，以更快的速度对产品进行改善。到了 2005 年，维基百科成了最受欢迎的互联网参考网站，而 Encarta 则在 2009 年宣布关闭。

社群经济强调的是去中心化，它最大程度解放了人们的信息获取能力和参与空间，也成为当今最为热门的经济形式之一。唯一可惜的是未建立有效的激励机制来真正引爆社群的影响力，直到通证社群的兴起……

未来社群都将开启通证化之路，我们也将在通证这道"光"中，见到自身价值之"光"。

通证社群生态经济学原理

西方经济学中有两个非常著名的假设：

经济人，即一切经济行为都是理性的，试图以最小经济代价获得最大经济利益。

完全信息，即所有参与者都能够了解到其他市场参与者的一切信息，每个博弈者都能知道其他博弈者的策略和报酬。[①]

一方面，理性经济行为是人性的"自然法则"，是一把双刃剑，最小的代价意味着最少的付出，最大的利益意味着最大的价值分割，自然会冲击人类社会公共价值的公平公正原则；另一方面，这种行为会极大刺激个体思考、

① 参见《高鸿业版西方经济学最全名词解释（微观部分）》，百度文库，https://wenku.baidu.com/view/8d476291a0c7aa00b52acfc789eb172ded6399c6.html（访问于2019年2月）。

创新、实践，又自主能动地为整个社群注入价值。

然而，完全信息的前提是完全市场，在完全市场中，信息就像空气一样，是不需要支付任何成本就能免费获得的自由财富，因此，完全市场的信息没有可能成为商品，也没有市场价格。同时，信息在市场参与者之中不受任何形式的阻滞而广泛及时地传播，使每个市场参与者都能同时接收到同样的信息。这样的假设太过理想化，在人类社会很难做到如此纯粹。

通证社群的出现，是对这两大理论的“调和”，其自身具有两大特性：

本质——区块链 + 社群；

基本结构——共识 + 基础协议 + 通证。

可以说，围绕区块链建立的通证社群，以区块链的去中心化、去信任化技术特点，充分尊重个人理性经济行为的同时兼顾公平公正原则，以交易、流通的公开、透明、快速保证人们对信息享有高度的获知权，并依靠通证激励机制赋予社群活力。

通证社群的变革力量

互联网时代，企业、产品和用户之间已经不再是单纯的功能上的链接，更存在情感连接和价值反哺的关系。

用户开始在意依附在产品、服务中的诸如文化、格调、品牌理念、人格魅力等精神上的主观感受，从而与产品建立情感连接。

在情感连接的基础上，拥有共同认知、兴趣、价值观的用户开始抱团，形成群蜂效应，他们的互动、交流、协作和相互影响，反过来对品牌产生反哺。

而这种建立在产品与用户群体之间的情感连接和价值反哺，并共同作用形成的自运转、自循环的经济系统就是社群经济。

然而，不管是《罗辑思维》“让用户成为商业节点”，还是大V店“让用户赚钱”，抑或黑马社群“让用户合作”……当今的社群经济发展都存在一定的“中心化”色彩，大多依靠个人魅力或品牌魅力，对粉丝进行“聚合”，缺乏有效的变现、流通手段，且都缺乏有效的激励机制。比如《罗辑思维》，太依赖罗振宇个人影响力；吴晓波尝试电商变现，推出“美好的店”，但是以中止告终。这些正在成为社群经济的发展瓶颈。

因此，我们应当换一个视角，以通证经济的视角重新审视社群经济。

1. 创建共识，而不是聚合共识

很多人认为社群经济第一步是聚集价值观基本相同的人，大多也依赖个人领袖或品牌影响力完成聚集。确实这种做法能够让社群沟通更为顺畅，但是也在一定程度上设置了社群门槛，限制了社群的影响力。

而以区块链技术为基础的通证社群，在社群建立之初，便已经通过基础协议创建好了共识机制，这样的共识机制不依赖个人魅力或品牌魅力，以去中心化、分布式特点，最大程度连接、吸引、招纳社群成员，并以智能合约的形式，明确所有参与人员的任务、目标，让其自己调整参与度，看见自己的成长和收获。

2. 通证激励，完成社群闭环

虽然在目前的一些社群中，用户已经逐渐参与到产品的研发、包装、销售等环节，但是更多的时候用户依然处于消费者的角色。但是社群与通证结合会产生三个巨大的变化。

一是成员身份真正多重性，用户、投资者、消费者等身份集于一体。

二是帕累托[1]改善，在不减少任何人权益的情况下，真正把蛋糕做大（这种改善的发生是有权益流通形成的）。

三是激励机制，反馈要即时，正向激励，通证流通率好，使奖励可以马上变现。

而通过这样的改变，社群的任何一方都可拥有空前的参与感和成就感，才能真正持续性地与用户之间进行

---

① 帕累托：帕累托最优（Pareto Optimality），也称为帕累托效率（Pareto Efficiency），是指资源分配的一种理想状态，假定固有的一群人和可分配的资源，从一种分配状态到另一种状态的变化中，在没有使任何人境况变坏的前提下，使得至少一个人变得更好。

情感连接，实现彼此间的价值反哺，完成生态闭环，真正形成一个互惠互利、互联互通、共生共治、共创共享的生态圈。

当然，目前通证社群生态经济还只是刚刚起步，必然会有挫折和磨难，不逃避问题，不盲目乐观，不好高骛远，踏踏实实，一步一个脚印，才能走到最后，笑到最后。

数字黄金启示

也许实体经济的寒冬不知道什么时候会过去，但区块链时代已经到来！

区块链能够影响的方面更加广泛，与互联网一样，利用技术改变我们的商业行为、社会组织形式及我们的存在方式。随着时间的积累、财富的量变、思想的质变，人类将拥有一个全新的未来世界。

那么，你是否洞察到、感悟到了：

如何跨过巨头垄断，实现“换道超车”？

未来，商业信任关系将如何驱动？

人类协作、人类社群将会是一种什么样的“虚实”存在？

你将会如何重构你的商业组织形式？

数字黄金启示

CHAPTER 3 | 第三章

加密经济
——通证“架构法则”

通证时代，我们希望数字网络能够创造价值，拥有足够的安全性并保证我们集体成长。为了达到这个目的，我们将目光聚焦在了加密经济上，通过使用密码学工具、博弈论以及经济机制为参与者搭建框架，建立一个安全、值得信任和有价值的系统，并为所有人创造价值。

01
什么是加密经济

本质不在现象之后，或现象之外，而即由于本质是实际存在的东西，实际存在就是现象。

——《小逻辑》

当密码学与经济学被放到一个学科时，加密经济学（Cryptoeconomics）就出现了。但很多人不理解，且这个词本身有误导性，因为它给人的印象好像它是与整个经济学平行的“加密”版本。

其实，加密经济学只是一门独立、实用的学科，旨在研究去中心化数字经济学中的协议机制，它也是一个新兴的、不断进化的领域，比特币、以太坊、Zcash 和所有其他公共区块链都可以算是加密经济学的产物。

加密经济是隐藏在区块链背后的构建规则，自区块链诞生那一刻起，它便存在，并越来越被我们所感知、重视和运用。

从 P2P 的失败开始说起……

下载或上传电影、文档、资料……文件共享是目前 P2P 最普遍的一种共享形式，在一个种子系统中，任何人都可以在去中心化网络下共享他们的文件。

然而，这个系统的运作逻辑是建立在“荣誉”系统制度上的：如果你下载了一个种子，系统预期你也提供种子。它基于信誉，但并非每个人都有足够的信誉。在没有相应的经济激励时，大家会认为持续地上传种子是毫无意义的事，尤其是当这一行为需要浪费大量电脑存储空间时。所以，传统 P2P 缺乏持续力和长久活力。

2008 年，中本聪发布了关于比特币基础概念的论文，动摇了网络社区的根基，给了人们去遵守规则的经济激励，弥补了之前 P2P 系统的不足。我们更是了解到，通过密码学、网络理论、计算机科学和经济激励的巧妙结合，我们可以构建新的技术形式，由此也催生了“加密经济”这一概念。

但是，著名的硅谷创业投资人帕克·汤普森对这个概念颇有微词，曾经发布一则推特：“加密经济学的概念蠢透了。这就是经济学。自己生造一个词，只是找个借口，好继续无视那些已经得到充分理解的概念罢了。”①

确实，“加密经济”单看字面给人的感觉似乎意味着与整体经济学有着旗鼓相当的地位，所以帕克·汤普森的这个概念获得不少人认同。加密经济与经济学也确实有着本质的区别：经济学，是对于选择的研究，关乎作为个体和群体的人们对于激励的反应。而发明加密货币和区块链技术并不是人类的一种新的选择理论，不是经济学的一个分支，更应该被看成是应用密码学的一个领域，只不过它将经济激励和一些经济理论纳入其中。

其实，我们可以换一个角度看待“加密经济”这个概念，不要将其当成一个完整的名词，而是一个“组合词”，由密码学与经济学组合带来新的系统、应用程序和网络的设计理念（区块链中密码学与经济学的具体设计内容将在下面两节做详细论述），重点是设计和创建系统。

用加密经济学的视角重新理解区块链

加密经济的系统设计是用密码学和软件构建的，与区块链有着密不可分的关系，具有如下特性。

① 参见《入门必修课，“加密经济学”到底是什么……》，36氪，https://36kr.com/p/5128506（访问于2019年2月）。

基于区块链，每个区块上都包含上一个区块的哈希值；[1]

每个区块都包含多笔交易；

每个区块也都会有一项记录交易的功能；

区块链是不可改变的，新的区块可以增加，但已有的区块不可以被篡改；

只允许有效交易；

区块链的开放性让任何人在任何地点都可以轻易使用并且核实某项交易；

如果支付足够的交易费，交易可以快速地被记录在区块上。

在不依赖可信机构的情况下，区块链能够达成可靠共识，比如工作量证明（PoW）和权益机制（PoS），底层区块链都提供给了我们以下两点内容：

可用于创建激励和惩罚的价值单元；

以“智能合约代码”形式设计条件逻辑。

这种应用的构建便是加密经济学的产物。

比特币的工作量证明（PoW），矿工必须提交工作量证明，唯有如此，才能参与运行网络，并获得奖励。而以太坊计划采用“PoS”共识协议，称为Casper，它不需

① 哈希值：又称散列函数式哈希函数，是一种从任何一种数据中创建小的数字“指纹”的方法。

要专用的挖矿硬件，也不需要大规模的电力消耗，但是我们如果想在 PoS 系统中挖矿，必须提交一定数量的以太币到智能合约的“债券”中。与 PoW 一样，它提高了 51% 的攻击成本，攻击者不得不提交大量以太币成功攻击网络，然后他们也会失去这些代币。

因此，除了那些已经成为底层区块链的部分外，很多区块链应用都不涉及加密经济学机制。比如 Status 和 MetaMask 这些应用，它们是钱包或平台，可以让用户在以太坊区块链上交互。

从加密经济的角度思考区块链领域是非常有益的，可以让我们更好地看清业界的许多纷争和讨论。

比如，分布式账本技术，从字面上看算是区块链，但是它往往是中心化管理，并且不使用工作量证明，也就是说不依赖加密经济设计来形成共识或一致的激励措施，主要集中在财务和企业用例上，与区块链技术的整体思想相悖。

未来也一定会出现不依赖区块链的加密经济共识协议，虽然表面上看起来与现在所说的区块链技术有一定的共同点，但是将它们打上区块链的标签并不准确，重点要看这样的协议是否是加密经济学的产物，而不在于它是否是区块链。

区块链诞生至今，从仅仅通过一个应用程序到更加底层的技术，如比特币，我们对它的认识视角也不断地延伸、深化，对它的认识也越来越理性，现在我们可以再“后退”一步，用加密经济的思路来看待这个行业，并在其密码学与经济学基础上洞察构建通证经济体的基本架构法则。

02 加密经济密码学基础

> 悬衡而知平，设规而知圆。
>
> ——《韩非子·饰邪》

古典密码学关注信息在保密形式下的书写和传递以及与之相应的破译方法。

现代密码学是数学和计算机科学的一个分支，起源于20世纪末出现的大量相关密码理论，同时涉及大量信息论，不仅关注信息保密问题，还涉及信息完整性验证、信息发布的不可抵赖性，以及分布式计算中产生的来自内部和外部攻击的所有信息安全。

区块链技术使用了多项现代密码学内容，主要包括哈希算法、密匙加密及其数字签名，它们共同构成了区块链的“共识尺度”，制定了每一个参与者的行为标准。

哈希算法

哈希（Hash）函数也称为密码散列函数、消息摘要函数等，简单地说就是一种将任意长度的消息压缩到某一固定长度的消息摘要的函数[1]，比如比特币使用的是SHA256摘要算法，对任何长度的输入给出的都是256位的输出。两个不同的输入产生相同的散列值的情况发生概率非常小。

当然，哈希函数不一定使用密匙，但是加密哈希函数对区块链的安全性和挖矿具有巨大的作用。

那么，它是如何产生作用的？

在密码学中，有两种数据结构对理解区块链非常重要：链表和哈希指针。

区块链的本质是一个链表，也就是依次按照顺序链接而成的数据区块，其中每个新区块都包含一个哈希指针指向前一个区块及其含有的所有数据的哈希值，如图3-1所示。

这种数据结构赋予了区块链不可篡改性。如果有人想要篡改区块中的数据，比如对1号区块里的数据进行细微

① 参见《区块链中的密码学技术之Merkle Tree》，简书，https://www.jianshu.com/p/74097861218c（访问于2019年2月）。

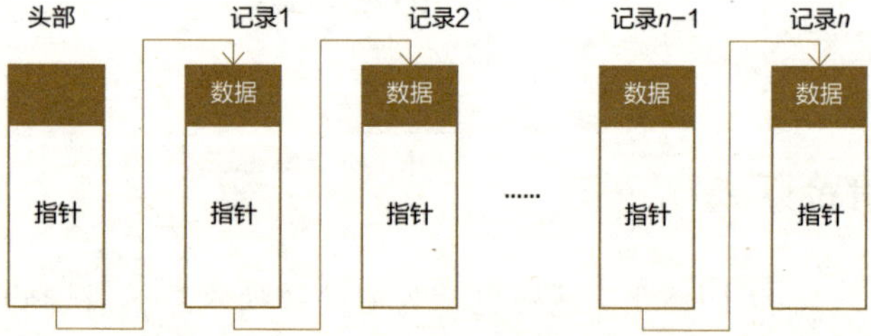

图 3-1 链表和哈希指针

改写，这样存储在 2 号区块里的 1 号区块哈希值会产生巨大变化，将导致 2 号区块哈希值产生变化，进而影响到 3 号区块，3 号影响 4 号，4 号影响 5 号……最终整条链上的数据都会发生变化，因此，想要篡改区块中的数据是极其困难的。

每个区块都记录大量的交易信息，如果将这些交易以普通的排列方式进行存储，想要在其中找到一个指定数据会极其困难。因此，每个区块也都有自己的梅克尔根（Merkle Root），以树状的形式将两个相邻数据的哈希值串联并且通过哈希输出，如图 3-2 所示。

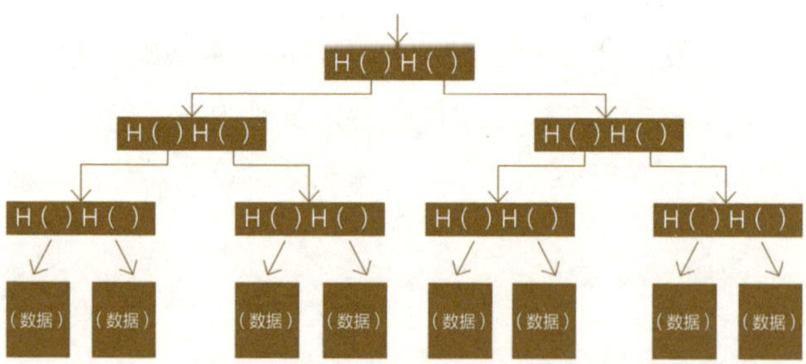

图 3-2 梅克尔树

在梅克尔树中，所有个体通过哈希算法都能向上追溯至同一个根，从而使得搜索变得非常容易，如图 3-3 所示。

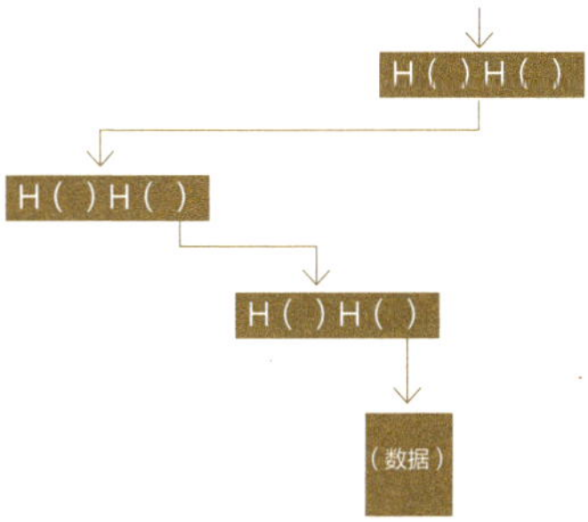

图3-3 梅克尔树分解

因此，如果想要在区块链中获取某一特定数据，我们可以直接通过梅克尔树里的哈希值进行搜索，而不用进行线性访问。

另外，哈希算法对挖掘新的加密区块非常重要，其工作原理是难度值的调整。

每个区块的挖掘都会有一个难度，而矿工要通过在区块的哈希字串后面加一个随机数，并且再次通过哈希函数输出，来得到一个小于难度水平值的数据，如果成功了便生成新的区块，矿工便会得到奖励；如果数据大于这个难度值，就需要接着修改随机数，直至得到低于难度水平值的数据。所以，没有密码学就没有哈希算法，就没有加密货币的挖矿。

通过以上的分析，我们可以概括出加密哈希函数具有以下四个特性：

确定性，不管同一个哈希函数中解析多少次，如果输入的内容相同，得到的总是相同的输出；

高效运算，计算哈希函数的过程非常高效；

隐匿性，也就是抗原像攻击，对一个给定的输出结果，不可逆推输入；

细微变化影响，任何输入端的细微变化都会对哈希函数的输出结果产生剧烈影响。

正是这些特性，决定了哈希算法是区块链和加密经济学中一个至关重要的部分。

密匙加密及其数字签名

密匙加密包括私钥密匙加密和公开密钥加密。

私钥密匙加密，又称对称密钥加密，即信息的发送方和接收方使用同一个密钥去加密和解密数据。它的最大优势是加密和解密的速度快，适用于对大数据量进行加密，但密钥管理困难。也正是因为私钥密匙加密中双方都使用相同的密钥，所以无法实现数据签名和不可否认性等功能。

20 世纪 70 年代，一些学者提出了公开密钥加密体制，使用不同的密钥来分别完成加密和解密操作：一把密钥公开发布，即公开密钥；另一把密钥由用户自己秘密保存，即私用密钥，它们具有以下两种特性：

每把密钥执行一种对数据的单向处理；

每把密钥的功能恰恰与另一把相反，一把用于加密时，另一把就用于解密。

也就是说，在公开密钥加密体制中，公钥是由其主人公开的，而私钥必须保密存放。假设 A 想给 B 发送一条私密的信息，那么 A 可以使用 B 的公钥实现加密信息，而只有 B 的私钥可以解读。因此，信息是完全私密的。而相反，如果 A 用自己的私钥加密了信息，那任何人都可以用他的公钥来解读，这个过程恰恰证明了这个信息的确是 A 发送的，因此形成了一种电子签名，同时使得签名具有认证的功效，由于私钥是独立保密的，没有任何人可以伪造 A，也没有人可以反悔。

在这个过程中，我们可以看到密码学里数字签名的三种特性：

可验证性，如果加密信息能够用 A 的公钥进行解密，那便可以百分之百肯定就是 A 发布了该条信息；

不可伪造性，如果其他人 C 拦截这条信息，并用自己的私钥发送了一条自己的信息，那么 A 的公钥将无法对其解密，因为 A 的公钥只能解密 A 用自己私钥加密过的信息；

不可抵赖性，同样，如果 A 宣称没有发送信息，是 C 发的，但是 B 却可以通过 A 的公钥解密信息，那就证明 A 在撒谎，A 就无法撤回他之前发的信息，无法抵赖。

可以说公开密钥加密最显著的成就就是实现了数字签名，可以永久地与被签署消息结合，无法从消息上移除。

03
加密经济经济学基础

天下同归而殊途一致而百虑。

——《周易·系辞下》

前文已经说过，区块链与其他去中心化 P2P 系统的区别在于给用户提供了金融和经济激励去完成某项工作，它有两种激励组合。

第一种是“通证 + 特权”，将通证作为奖励分配给那些活跃度高，且为社区做出贡献的参与者，以及让参与者可以获得决策权，比如让成功的挖矿人暂时占领区块并且收取交易费。

第二种是“奖励 + 惩罚”，好的参与者可以获得通证奖励或因尽职取得决策权，而犯错的参与者会受到惩罚，或支付货币罚款，或因作恶而丧失权利。

其实，不管何种激励组合，不过是通过不同的方法和形式达到一样的结果——经济激励，参与者即使有许多不同的打算和心思，目的也都是一样的——获得经济激励，而其经济学原理主要体现在博弈论和惩罚机制当中。

区块链中的博弈论

通证的发行与普通货币发行一样都是基于信任，那么，一个无序的、去中心化的 P2P 系统如何保持诚信呢？毕竟用户是人，而人就有作恶的可能，因此，如何构建一个有诚信的中心化系统？答案就是最基本的经济学概念——博弈论。

博弈论本质上是对战略决策的研究，其核心是做对自己最有利的决策，并记住对手的决策。

博弈论中一个最基本的概念是“纳什均衡”。纳什均衡是一种状态，在此状态下，每个参与者的策略是对其他参与者策略的最优反应。没有一个参与者可以通过独自变换策略来增加收益。[①]

① 参见《纳什均衡》，百度词条，https://baike.baidu.com/item/%E7%BA%B3%E4%BB%80%E5%B9%B3%E8%A1%A1/1325910?fromtitle=%E7%BA%B3%E4%BB%80%E5%9D%87%E8%A1%A1&fromid=534868&fr=aladdin（访问于 2019 年 2 月）。

举个例子，如表 3-1 所示。

表 3-1 收益矩阵 1

	B采取行动	B不采取行动
A采取行动	(4，4)	(4，0)
A不采取行动	(0，4)	(0，0)

我们将上表称为“收益矩阵”，其中的数字代表参与方采取行动（或不采取行动）得到的收益数量，从中我们可以看到，无论 A 如何选择，B 的最佳策略是采取行动；无论 B 如何选择，A 的最佳策略是采取行动。由此得出结论：对 A、B 来说，最好的策略都是采取行动。因此，纳什均衡是（4，4），即 A、B 都采取行动。

那么，纳什均衡是如何在区块链中实现的呢？

假如有一个矿工想要尝试从主链硬分叉来增加自己的经济收益，其他矿工会加入吗？不会！链自身在一个自我强加性的纳什均衡里，区块链有个很简单的硬性规定，在无效区块上挖矿不会获得有效收益，因此矿工们会无视尝试硬分叉的人，加上挖矿本身就是高成本，在无法看到确切收益的情况下没有人会去帮他。通过纳什均衡，所有人都会选择收益最大化的路径。

区块链中的惩罚

与其他任何一个有效的经济系统一样，区块链中也存在正向激励和负向激励。

举个例子，如表 3-2 这个收益矩阵，参与者的收益很高，对社会的影响也很大。

表 3-2　　收益矩阵 2

	B不犯罪	B犯罪
A不犯罪	（1，1）	（1，4）
A犯罪	（4，1）	（4，4）

通过对这个收益矩阵的观察，我们可以看到纳什均衡点是（4，4），即 A、B 都去犯罪。虽然这在逻辑上说得通，但是会带来非常恶劣的社会影响。如果世界上所有人都被贪婪所驱动，那么世界将变得非常可怕、糟糕。那么，我们该如何应对所有人选择作恶的情况呢？答案是引入惩罚机制。

同样针对上面的这个收益矩阵，如果不管是谁，只要以犯罪手段从公众手里取走 0.5 个公共资源，都要相应地被记录 -5 个。此时，我们再来看这个纳入犯罪因子的收益矩阵，如表 3-3 所示。

表 3-3　　收益矩阵 3

	B不犯罪	B犯罪
A不犯罪	（1，1）	（1，-1）
A犯罪	（-1，1）	（-1，-1）

我们可以发现收益发生了巨大的变化，纳什均衡变成

了（1，1），A、B都不犯罪成了最佳策略。当然，惩罚的代价也是高昂的，毕竟社会损失了0.5个公共资源，这样就会出现所有人都不作为的现象。那么，是什么激励大家都参与到这个系统中呢？答案是将惩罚作为针对每个人的强制措施，即任何一个没有参与的人都要接受惩罚。

举个最简单的例子，国家用税收供养警力，警察可以惩罚犯罪，但是公共设施的损失会以税收的形式从该国的公民手中征得，这时，该国的公民都是参与者，没有交税的公民就会被认作罪犯并受到惩罚。

区块链中也加入了惩罚机制，让所有参与者都加入惩罚机制的方式也很简单，即不加入惩罚机制本身就会被视为错误而受到惩罚。任何不遵守规则并非法操作的参与者都会受到惩罚，他们会被剥夺特权并承受被社区排斥的风险，而一旦权益证明被采用后，这种惩罚会变得更加严厉。正是在这样的惩罚机制下，所有参与者都能遵守协议的规定，保证了系统的有序性、准确性和公正性。

如你所见，在区块链中，密码学和经济学以一种非常美妙且复杂的方式结合起来，使区块链变得更为“有趣”，在过去的几年中，它所经历的成长也是令人难以置信的，未来依托加密经济学这样的架构基础，它也将变得更加强大，且应用更为广泛。

数字黄金启示

在去中心化的数字化经济体下，我们需要正规地去学习掌控商品和服务的制造、分布以及消费的协议。而加密经济则是一个专注于设计并且塑造这些协议的实用科学，密码学和经济学的巧妙结合，赋予了我们构建系统的新技术。区块链只是这种新型实用科学的一个产物。

那么，你知道如何以加密经济学的视角去分辨当今市场鱼龙混杂的区块链项目吗？

你知道区块链体系真正的技术内涵和原理是什么吗？

你将以何种方式将这些密码学和经济学原理融入自己的商业体系中呢？

数字黄金启示

CHAPTER 4 | 第四章

设计思路——实体通证系统谋略

从传统经济的此岸到达通证经济的彼岸，中间的河流就是过渡阶段，往往波涛汹涌、惊涛拍岸，所以我们需要更加小心，利用策略、时间和定力，将传统经济优势与通证优点相结合，使通证经济实现对实体经济的赋能，最后在自然的状态下将传统经济融入通证经济的汪洋大海之中。

THE TENTH WAVE OF WEALTH

01 通证的实体化之路

> 兴起发光！因为你的光已经来到！
>
> ——《圣经·以赛亚书》

今天 Token 带给我们的冲击就像十多年前电子商务带给我们的冲击。

十多年前，电子商务先锋们推销商城、网站主页、搜索目录……传统的企业和投资者们觉得这是天方夜谭；现在，Token 的先行者们热火朝天地翻滚，一些传统企业和投资者又觉得是天方夜谭。

然而，不管如何困惑和犹豫，时代已经改变，通证经济越来越多地被运用于实体企业，它早已不再是“币圈的那些事”了。

对于传统企业而言，区块链是一个机会，一个从另一个视角来打开新的数字资产世界的机会，也许我们不能盲目期待区块链可以解决传统企业的所有问题，但是我们却可以以通证经济的视角来重新看待当今实体经济的升级或变革。

从币圈与链圈的概念之别看通证经济本质

关于通证经济，目前普遍分为两大派系，币圈（加密代币派）和链圈（通证派）。

币圈，Token 是直接创造一个数字的、全新的、已经货币化的资产，即坚持发币，有专门的 Coins 一词进行统称。

链圈，Token 是数字凭证，具备权益凭证属性，Token 对应的是资产、信息或信息源，是数字流通的价值载体，主张用区块链技术将实物资产加密上链，即实物资产数字化。

在币圈与链圈的碰撞中，我们需要深入思考一个看似简单的问题：是将实物资产 Token 化，还是凭空地货币化？

经济有一个标准概念：经济是价值的创造、转化与实现；人类经济活动就是创造、转化、实现价值，满足人类物质文化生活需要的活动。简单理解，经济就是对物资的管理，是对人们生产、使用、处理、分配一切物资这一整体动态现象的总称。

通证经济也是一种经济，其 Token 一定关乎价值的创造、转化与实现，一定与人类的生产、交换、储蓄、分配的各项活动有关。因此，必然有两个非常关键的核心词——价值与流通。

从这个角度看，如果只是将实物资产简单地 Token 化，不过是非常初级的区块链，对资产的流通、扩展、交易存在巨大的限制，因为缺少像货币一样的流通媒介。但是如果完全凭空地货币化，也只是巨大的泡沫。

所以，通证经济真正可以落地实体的方向可能是临界的经济模型：

与实物有映射，但不需要一一对应，用算法建立实物世界形成共识的数字资产，用货币化来促进流通和交易。

而这样的模型一旦建立，Token 作为一种价值载体，具有更强的流通性，打通流通障碍，打破任何人设障碍，将任何资产和权益赋予同样的身份和权利及理想的流通性，有利于主体在经济活动中发现需求和降低成本。这也是通证经济确实可行的实体化之路，赋予当今实体企业发展最大的变革和突破发展瓶颈的新动能。

那么，通证经济将如何在实体经济中落地呢？

五大 Token 类型落地实体经济

鉴于通证经济的本质，通证经济的运用将涉及各行各业，形式也将会是多种多样，根据 Token 的功效、特点和差异，我们可以将 Token 分为五种不同类型。

1. 生产型

此类 Token 是一种资源类的资产，可以生产出商品或者可以消费的产品，比如果树、茶树、种牛、种子等，一般也都会有基础的资源属性数据和对应权证书，如物权证书、品种证书、专利证书等，会涉及资源资产的经营权、使用权，也会涉及资源的配额、溯源管理等。

在资源基础上产生的增加价值的公平分配是该 Token 类型可以实现的重要部分，不管是利润分享、利益分享还是其他利益，预计与所有利益相关者分享利益，并对未来的收益或权益增加锁定限制，比如按照前三年的产量情况进行解锁，让用户分阶段获得增量收益分叉，用智能合约进行结构化。

2. 消费型

此类 Token 是从生产资源中创造出来的产品或商品资产，主要是消费数据带来的一定单位的使用权或受益权，一般有唯一的资产 ID 或对应的二维码使其可以像商品那样进行货币化。

消费类 Token 是交易市场或应用内部交换的基本单

位，买卖或者交换双方在此基础上或花费 Token 或获得 Token，从而创造交易的流通性和价值交换。

3. 功能型

此类 Token 是一种效用或功能，一般用于特定应用或服务的加密访问。

功能型 Token 是一种特殊的使用权，主要为实现功能访问或用来丰富用户体验，实现接入或连接等动作，也可以作为功能行为的反馈或激励。

4. 权益型

此类 Token 是一种权益证明，主要是类证券化的工作量或股份的加密数字证明。

权益型的 Token 一般是产品使用权或经营权，或者行为、贡献的收益权及投票权等。它代表的是一种未来的收益或权益，在某些情况下也相当于实际的所有权。

5. 支付型

此类 Token 类似 Coin，是用来定价、支付、结算的货币化加密资产。

值得注意的是，支付型 Token 是一种非常有效的数字加密支付和交易的媒介引擎，是区块链账本的记账符号，是加密资产货币化的基础，是零交易成本的关键，也是通证模型中激励机制的核心，可以匿名或以不同的方式发行，也为点对点交易提供了便利。

不同类型的 Token 在发行时也有不同的侧重点：生

产型 Token 需要配额化，消费型 Token 需要货币化，权益型 Token 需要证券化或资产化，支付型 Token 则需要被打造成为可流通的货币化加密资产。

商业的本质是价值和效率，Token 是价值的承载，通证经济的灵魂是基于共识和 Token 的经济模型，不同的 Token 类型也决定了它能够为不同行业植入相应的通证经济体，并促使这些行业在通证经济体的基础上建立新生态：Token 是核心资产的最佳载体，也是工作量的奖励分配，算法和代码共识机制是效率保证，经济激励模型会融合生产者、需求者和投资者等不同角色一起成为生态中的“通证人”，共同维护整个通证生态的良性运行，促进实体的长效发展。

当然，目标的实现不是一蹴而就的，也不是一根筋走到底的事，需要实事求是，步步为营，充分认识、设计传统行业与通证经济的契合点和结合点。

02

通证系统建设的必要前提

> 凡事预则立，不预则废。言前定则不跲，事前定则不困，行前定则不疚，道前定则不穷。
>
> ——《礼记·中庸》

在工程学中，有一起著名的案例。塔科马海峡大桥1940年7月1日通车，四个月后戏剧性地被风摧毁。为什么会如此？因为工程人员在设计时忽略了风与大桥共振所产生的影响，风能最终战胜了钢的挠曲变形，使钢梁发生断裂，酿成悲剧。

也许通证经济从经济学角度去看，更多的关注点在于流通交易及价格的变化，但是从工程学角度来看，它是"通证工程学"，需要对通证系统进行严格分析、设计和验证，并要求设计者对自己的项目担负起责任。

Token 的实体化之路已经开启，在 Token 项目中，想要设计一套运行良好的通证系统，除了区块链的技术支持外，关键还要对通证模型设计一些前提要素及对自身企业现状有着清晰明确的了解和预判。

通证系统设计的七个前提

2018 年伊始，在国通油滴项目启动仪式暨数字经济支持实体经济发展研讨会上，CSDN（中国专业工厂社区）副总裁孟岩表示，ICO 时代的通证经济时代已经过去了，未来的通证经济将呈现三条路径：

一是小通证方式的通证经济；

二是监管时代的通证金融；

三是 DApp[1] 之路。

关于小通证，孟岩的解释是去除了大通证融资的功能，而保留了流通、激励、证明的功能，实施思路是积分通证化、规则合约化、业务游戏化、用户社群化、布局全球化。[2]

①DApp：Decentralized Application 的缩写，是分散式的应用程序，也称去中心化的应用程序。

② 参见《孟岩：小通证会引爆区块链的 Netscape 时刻吗》，https://www.8btc.com/article/342210（访问于 2019 年 2 月）。

其实，不管是大通证还是小通证，从中我们都可以概括出通证设计的七个前提要素。

1. 资产——通证是资产又不是资产

实物资产是物理世界的经济和金融体系的核心，同样，数字资产 Token 也是整个产业区块链经济的核心，只是 Token 这个数字资产的概念更为广泛，它不与实物资产一一对应，但依赖于实物资产，也就是说它不是所有权，而是收益权、使用权、投票权等，或者是共有产权。

2. 增量价值——关注未来的收益和能力

因为不是所有权，所以关注的重点在于未来的收益和能力，是将未来的能力、服务和收益等打包，有着预期的变动及市场波动，体现的是增加价值。

比如积分 Token 的设计要能够透支未来的消费和服务，比如消费达到多少量级可拥有 VIP 服务 Token，它们体现的是对未来消费的约定，会刺激消费者进行消费。

3. 共识——打破信任壁垒，构建新生产关系

一个产业的痛点和问题往往在于产业链上下游缺乏信任，由此产生信息不对称或利益冲突。Token 的设计师通过代码实现共识，利用“纯理性”的共识机制，打造产业内普惠、透明、公平的信任，依次解决产业链上的核心痛点问题。

当然，这是一种新的生产关系，必然会触动既得利益者或持有者或保守者的利益，遇到透明的阻力和攻击，甚至触动或揭开产业灰色地带。

4. 合约——解构产业实际业务

智能合约是区块链结构基础，交易是产业实际业务核心，通过智能合约和规则来解构传统产业交易业务，比如对产业实际业务分离、简化、重组、“虚化”，并用 Token 增加促进流通和周转的激励机制，可以实现资源的最优配置，有效降低交易的成本。

5. 先发优势——跑马圈地

通证经济刚刚起步，资产加密上链，形成产业乃至行业共识，是通证经济的跑马圈地，对后来者将会有很高的准入门槛。

另外，对通证经济来说，一个企业的资产量太小，往往需要一个行业才有足够的规模总量，传统行业一定是通证经济的方向。通证经济也会促进一个行业形成新的组织形式，甚至依靠系统共识，形成产业的虚拟经营体，资产可以货币化交易和分配，获得更高效的资源配置，谁先做谁就有优势。

6. 交易市场——产业链自建交易市场

Token 并非全然需要货币化，产业 Token 更是如此，因此不一定要发币上交易所，而是可以在产业链内自建去中心化的数字资产交易平台，实现体系内流通，并建立加密资产标准协议的 API [①] 对外进行交换。当然自建交易市场不是代替原有的实物资产的交易，而是彼此之间实现互补，从而实现增量价值。

7. 经济模型——金融体系的借鉴和传统经济模型的继承

通证经济体由于注重增量价值，与金融产品非常类似，可以借鉴传统金融产品的设计来进行 Token 设计，如结构化、锁定、隔离等。

结构化，金融领域结构化产品是利用基础金融工具和金融衍生工具进行不同的组合得到的一类金融创新产品，在通证经济体中一个产业的 Token 可能不止一个，而是一个结构化的 Token 组合，同时收益的差异化或者优先劣后可以利用区块链智能合约技术来实现。

锁定，即锁定设计，将未来的能力和收益打包成资产 Token，除了总量限定之外，还需要对交易权限、节奏记性锁定，分步骤实现收益。

隔离，就是将 Token 的发行和收益隔离开，分阶段设计，以便后来者循环进入。

由于通证经济体的生态系统与金融系统几乎可以进行对应，所以未来会有 Token 银行、保险、基金、证券等新业态或新服务。也就是说，自建的数字交易平台有加密

①API：指的是应用程序编程接口。大多数大型企业都会为自己的客户建立应用程序编程接口，或供内部使用。

数字资产衍生品交易，这会给产业链内的小而美的企业带来一个很好的融资发展渠道。

另外，因为 Token 是加密数字资产，其资产的经济模型与传统经济模型有继承性。传统经济中的博弈论、供给论都可以体现在通证经济体中（前文已做分析）。产业通证经济体也不可能像空气币或平台币那样只模仿比特币、以太坊等发行模式和激励经济，更多需要借鉴传统经济模型的博弈和货币供给等理论，进行激励机制设计。

基本面分析和自检问题

通过对上面要素的分析，我们基本上对启动一个通证项目所要应对的发展现状、发展困境、发展方向有了充分的了解，接下来便是要懂得如何去框架性地分析一个通证项目，然后有针对性地进行自检。

那么，如何框架性地去分析一个通证项目呢？

一个可靠、完整的通证项目一般需要包含以下七个方面内容。

市值，市值很重要，它决定了 Token 的增长空间，计算 Token 的市值就是将每个 Token 当前的价格乘以市场流通量。如，100 万个 Token 以 1 元价格流通，其总市值便是 100 万元。

供应量，遵循经济中的供需规律，供大于需会导致严重的通胀，供小于需则是紧缩，对供应量的控制往往决定了 Token 是通胀还是紧缩，而这样的结果将会直接作用在 Token 的价格或价值增长空间上。

交易量，交易量也是一个重要指标，从交易量中可以看到真实的供需关系，如交易量低，可能就意味着需求低。

落地，越是落地的，越是可信的，就越有价值，因此，明确自身项目能解决哪方面问题，能实现什么样的应用，而不仅仅是项目书上的“美好表达”。

创始人和开发团队，找有实力的、靠谱的人合作，找专业的开发团队进行技术开发，这样项目便可取得人们一半的信任（另一半靠落地）。

潜在障碍，从技术漏洞、竞争对手、合法性等方面进行研究、论证，提前预估项目风险，设计应对方案。

项目路线图，一个好的路线规划图应该是详细而长远的，清楚地说明什么时候做什么事或形成什么影响，给自己规划一条清晰的发展路线。

当然，做好这七个基本面分析还不够，这只是对你所要设计的通证项目的一个系统性认知。而一个通证项目的设计、运行，需要结合你自身的产业特点，涉及诸如行业交易、资产类型、盈利模式等一系列问题。

这里总结了一些关键问题的清单，可以在通证经济体设计之前的自检中使用，让你在启动一个通证项目时可结合自身产业特点，更为细致、全面，有迹可循。

产业交易的结构是什么？

产业的盈利模式是什么？

产业的组织结构和角色关系是什么？

产业发展的目标是什么？

当前存在的主要问题是什么？

解决问题所带来的价值有多大？

解决问题所付出的代价有多大？

产业有哪些类型的资产？

可加密上链的资产有哪些？

Token 是否分配权益或者红利？

Token 是否成为体系主要的支付和结算手段？

Token 的价值将如何产生和流动？

产业如何建立与陌生人之间的信任关系？

有哪些激发人性的奖励机制和惩罚机制？

产业需要什么样的治理结构？

……

但凡技术的迭代与升级，都离不开生产力和生产关系的变革，所以并不会那么简单。未来通证经济有很大的概率会成为一门独立的学科，需要我们专门研究其设计要素、原理及方法。

03 传统行业通证必要性评估

明者因时而变，知者随事而制。

——《盐铁论》

在通证经济的先发优势面前，不能及时转变和适应的企业可能会落后于市场。就像曾经的互联网技术刚开始普及时，先进入的企业会获得更多的市场曝光度、用户关注度和其他资源，当后来加入的企业越来越多时，不适应这种经济模式的企业可能面临随时被打败的状况。

然而，对于传统产业，区块链也并非万能，它有着一定的技术要求和技术限制，虽然其发展速度很快，但并非所有行业都适合使用区块链技术，也不是所有的应用场景和 IT 技术都会被区块链颠覆，泛金融领域和其他的去中介化、体现价值交换的领域可能会先被改造。

聪明人会随着时代的变化而改变策略，有智慧的人会按照世事的变化情况而制定法则。面临通证经济快速发展的趋势，我们只有立足区块链的技术特点，结合自身产业的特点，进行深入评估、大胆尝试，才能在通证时代到来时抓住机会。

通证系统设计的必要条件

通证系统的设计离不开区块链，而区块链的发展不仅需要底层技术，还需要基础硬件、智能合约、投资环境、监管政策等各方面的完善。通证系统实际上是基于共识和 Token 的经济模型，是“共识 +Token+ 激励 + 智能合约”的数字资产经济体。

为此，结合 Token 设计前提要素分析和区块链的技术特点，我们可以进一步概括出通证经济系统设计的 9 个必要条件。

去中介化，中间渠道和层级越多，成本和耗损越多。

高价值资产，产业或资产上链后增量价值比较高。

稀缺性或限量，容易通过紧缩政策获得溢价增值。

建立共识，共识打破信任壁垒，实现共享和协同。

规模效应，降低边际成本，并具有海量客户的网络效应。

数据保真，数据需要通过加密技术进行防篡改。

赋能个体，激发个体主动性，赋能个体成为独立的运营体。

价值交换，体系内外实现价值交换，获得更好的流动性、周转率。

信息验证，信息存在严重不对称，需要降低信息验证成本。

针对这9个条件，我们可以有针对性地对传统行业进行通证系统设计的必要性评估。

传统行业通证系统设计必要性评估

结合通证系统的9大必要条件，根据共识、公平紧迫性，共享和去中介的必要性，我们将29个行业依次纳入优先区、次优区、鼓励区、暂缓区四大矩阵，进行简单点评。

1. 优先区

（1）农林渔牧，产业供销层级多，部分产地的特色产品有稀缺性，流动性比较弱，信息严重不对称，需要溯源和数据保真及支付激励手段。

（2）医院医疗，高水平医师和药品具有稀缺性且流动性强，需要信息验证和医疗数据保真，赋能到医生和护士，需要支付激励手段。

（3）营养保健品，可以打造成为高价值产品，需要建立消费者共识，建立用户参与的分布式共享模式，同时需要信息透明、公开，并赋能个体和用户。

（4）贵金属，高价值资产，具有稀缺性，信息严重不对称，需要溯源和保真。

（5）货运交通，没有稀缺性，但是有规模效应，需要信息验证和车辆司机运输数据保真，赋能到个体和司机，需要支付激励手段。

（6）建筑，没有稀缺性，资金流动性差，但层层转包情况严重，需要去中介，建立共识，协同共享，需要材料和进度的信息验证和数字保真。

（7）二手市场，业务缺乏信任，需要建立共识，中介进行信息屏蔽，信息严重不对称，需要信息验证及商品数据保真，需要支付激励手段。

（8）文化艺术品，是稀缺性高价值资产，但流动性差，信息验证成本高，需要去中介，建立信任和共识，需要版权数据保真，赋能到个体艺术家或文创作者，需要支付激励手段进行价值交换。

（9）房产，有一定的稀缺性和高价值资产，需要去中介，建立共识，分布式服务，需要信息验证和数据保真，赋能房屋业主，适合价值交换和支付激励手段。

2. 次优区

（10）养老服务，虽然不是高价值资产，流动性差，但是需要建立信任和共识，提供分布式服务及信息验证，老年人健康服务、养护服务数据需要保真，需要赋能护理员个体，需要支付激励手段。

（11）家政服务，存在中介机构，需要建立服务共识和分布式的服务，不是高价值资产，流动性较差，但是需要信息验证和服务数据保真，需要赋能家政服务员个体，需要支付激励手段。

（12）彩票博彩，需要去中介，建立博彩共识，具有规模效应，需要数据保真及支付激励手段。

（13）家电，连锁店和电子商务为主，信息相对透明，没有稀缺性和高价值，产业比较成熟，因此几乎没有规模效应。流动性差，经营体赋能有空间，需要价值交换。

（14）保险，缺乏信任，需要提供分布式服务，没有稀缺性，流动性较强，信息相对透明，需要数据保真，赋能用户成为经营体，需要支付激励手段。

3. 鼓励区

（15）美容美发，没有中介，有一定的信任缺失，没有稀缺性，不需要信息验证，需要赋能个体美容美发师，需要支付激励手段。

（16）酒业，渠道分销，具有一定的稀缺性，需要信息验证和生产数据保真，赋能个体成为个体经营者，需要支付激励手段。

（17）设备租赁，设备共享，没有稀缺性，有规模效应，需要建立共识，需要信息验证和设备运营数据保真。

（18）制造业，销售服务有渠道层级，需要建立共识，分布式服务，部分产品需要技术含量，有稀缺性，流动性差，信息比较透明，需要赋能个体（技术人员、销售人员），适合价值交换。

（19）橡胶业，采购和销售有渠道层次，需要建立行业共识，原料有一定的稀缺性，但不是高价值资产，有规模效应，流动性比较强，不需要信息验证和数据保真。

（20）新能源，需要溯源，需要品质保证，需要产业交易市场进行订单撮合，原材料和技术有一定的稀缺性，对票据业务和供应链金融需求迫切，有规模效应，订单流动快。

4. 暂缓区

（21）批发，传统中介模式，专门赚取“信息差价”，流动性差。

（22）住宿，需要建立信任，分布式共享，有一定的稀缺性，有规模效应，需要信息验证和住宿数据保真，可以价值交换，需要支付激励手段。

（23）采矿，是非常传统的产业，相对独立，不需要共享协调。

（24）乳制品，需要建立共识品质，需要产品数据保真和信息溯源。

（25）烟草，与采矿一样是相对封闭独立的行业。

（26）印刷，是传统 B2B 业务，相对封闭，没有稀缺性，不需要数据保真和赋能个体。

（27）化工，B2B 业务，相对封闭独立，但是在农资领域的化肥农药需要面向终端用户，需要建立信任和产业共识及分布式的农化农技服务协同，流动性有时间周期，需要信息验证。

（28）计算机制造，销售渠道层次多，信息透明，没有稀缺性和高价值。

（29）新零售，没有中介，以快消品为主，没有稀缺性，流动性较强，信息透明，需要支付激励手段。

当然，对这 29 大传统行业的评估也只是带给大家一个评估的方向性参考，并非绝对，最主要的是希望大家能够通过上一节的自检系统及这一节的评估方向，找出自身产业通证系统设计的最佳切入点和结合点。

04

设计新法，商业画布新运用

创新不是由逻辑带来的，尽管最后的产物有赖于一个符合逻辑的结构。

——爱因斯坦

通过前面两节的分析，我们已经掌握了通证系统建设的必要前提和条件，那么接下来该如何设计通证生态系统呢？如何确认我们的设计可以达到预期效果？又需要通过什么指标来衡量？

万事万物都有相通相融之处，通证经济不是试图颠覆既有经济，经济体系本身是社会甚至是自然规律，通证经济真正的价值在于赋能既有经济，任何能够赋能经济的逻辑、方式，通证经济也可以借鉴。故有人借用既有经济的一些逻辑方法——商业画布，延伸出通证经济画布进行通证系统设计。

通证系统设计，从零开始、跌宕起伏、枪林弹雨……这些都不是重点，重点在于掌握一个设计利器，能够将通证系统置于一个完美的逻辑结构中方便我们进行完美操作。通证经济画布就是这样的一个利器。

什么是通证经济画布

很多人都知道商业画布（Business Canvas）的概念，它用 9 个方格将商业模式中的不同设计维度可视化，如图 4-1 所示。

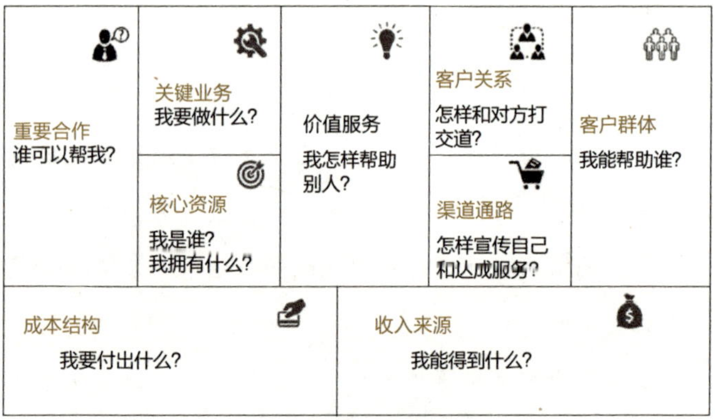

图4-1 商业画布[①]

① 参见《商业画布》，百度词条，https://baike.baidu.com/item/%E5%95%86%E4%B8%9A%E7%94%BB%E5%B8%83/20456803?fr=aladdin（访问于 2019 年 2 月）。

与商业画布类似，通证经济画布（Token Economy Canvas）是将通证系统主要的设计维度也以 9 个方格的形式直观化呈现出来，如图 4-2 所示。

图4-2 通证经济画布

这 9 个模块分别代表了通证系统的主要维度：资产价值、经济模型、重要合作、价值定位、用户细分、关系设计、上链设计、结构治理和系统运营。

资产价值，Token 本质是资产的数字化，资产价值是整个通证系统的“地基”。

经济模型，是 Token 发行、激励的经济生态系统。

重要合作，通证系统建设需要借助一些技术平台及相关的行业关系。

价值定位，能用一句话概括出价值所在，定位不清晰的项目不仅会使用户迷茫，团队也会无法形成一致认同，这样的通证设计只有形，没有魂。

用户细分，系统角色确定，目标受众清晰划分。

关系设计，找到用户痛点，用核心需求驱动关系连接。

上链设计，共识机制驱动，智能合约维护，保证上链的技术性和严谨性。

结构治理，通证在生成、发行、流通、交易过程中的治理。

系统运营，促使越来越多人加入社区，形成共识和使用。

其中资产价值是基础，经济模型是结果，重要合作是必要条件，其余的 6 个维度是过程，也是通证系统设计中最需要有技术含量的地方，在下一章中笔者会针对这 6 个维度的设计方法进行详细剖析。

通证经济画布的作用

通证经济画布能起到以下三个作用。

直观：给你一幅平面设计图，帮你一眼看清核心模块，以及相互关系。

宏观：从上帝视角看顶层设计，而不是沉溺于细节中。

极简：抛弃冗余，只做最简化的描述和分析，凸显价值与逻辑。

以元界（Metaverse ETP）为例。

元界是国内领先的公有区块链，是一个致力于通过区块链技术将资产数字化和身份数字化的非盈利性的开源区块链项目，致力于彻底改变金融服务和交易的方式，并通过数字资产、数字身份和价值中介网络来改进原有的身份验证服务。其通证模型如图 4-3 所示。

图4-3 元界通证经济画布示例[①]

不仅如此，该团队还推出元界 DNA 双链，DNA 链是一条与元界平行的快链，也是一个开源的区块链项目，拥有数字身份、数字资产和价值中介的核心特征，集中于企业解决方案，用例包括信用管理、金融服务、产权跟踪等。双链结构极大地简化了体系结构，减少了数据处理的

① 参见《Metaverse 元界白皮书（中文版）》。

压力，并确保了一条链上流量的激增不会影响另一条链的效率。在链上执行的任何业务都不会受到其他服务的干扰，有效地实现了资源隔离。

所以，一个项目是否直击人心，不妨看看它的通证经济画布。

通证经济画布可以作为一种通证系统设计通用工具，可以映射出传统产业的业务，让传统企业更方便地描述和使用通证模式，对照传统业务套用模板来构建新的创新通证方案。

数字黄金启示

在这一章中，我们分析了通证经济在实体经济的落地场景，并结合通证系统的设计前提、条件及自身自检方向，利用一套通证经济画布，直观地体现了通证系统设计通用方法。而这些便是通证系统设计的总思路、总逻辑。

那么，通过这一章的阅读，

你是否掌握了通证系统设计的思路要点？

你知道如何验证自身产业的通证之路了吗？

你将对自身企业做出怎样的通证赋能？

数字黄金启示

CHAPTER 5 | 第五章

模型构建
——商业画布通证用法

关于通证经济中通证系统的作用，不能简单地用一个技术方案去解决，而是要在理解整个系统生态以及整个行业特性之间的内在逻辑之后，找到一种结构性、制度性的要素变化，才有可能解决问题。

THE TENTH WAVE OF WEALTH

01
价值定位：打造通证“价值点”

少则得，多则惑，是以圣人抱一为天下式。

——《道德经》

任何商业战略的核心都是为用户提供“价值定位”。

价值定位描述了用户满意度、忠诚度的驱动因素，即企业、创业主体将给用户的产品、价格、服务、关系和形象的独特组合设计，描述了泛产品项目所要重点开发的目标市场及其与竞争对手的区别。

选择正确的价值定位是商业模式设计至关重要的一步，也是通证系统网络构建的依据。

也许，传统企业非常清楚自己在传统战略中的价值定位和重点，但是不一定清楚在区块链上的通证系统价值将聚焦在哪个定位上，以及如何与传统业务的战略定位进行匹配、协调。其实，价值定位是一种选择，就是要有所为，有所不为，并且一旦认定“价值点”便能以不变应万变。

传统价值定位与通证系统价值定位的区别

传统价值定位往往包含两个基本要素：

价值主张，即企业将对潜在的有利可图的用户提供什么，要解决的是传递何种价值观念的问题。

价值内容，即企业将通过何种产品和服务为用户创造价值，可分解为功能价值、体验价值、信息价值和文化价值。

其基本方法有：

根据产品的特性定位；

根据产品能给顾客提供的利益定位；

根据质量和价格定位；

根据企业的竞争地位定位；

根据核心意愿进行定位。[①]

Token 对传统企业来说是创造出来的，用以管理其商业模式的“价值单元”，这个“价值单元”的主要作用是让使用者能管理产品、服务或资产，并能促使该组织与

① 参见《价值定位》，百度词条，https://baike.baidu.com/item/%E4%BB%B7%E5%80%BC%E5%AE%9A%E4%BD%8D（访问于 2019 年 2 月）。

其所有利益相关者分配酬劳、共享收益。但是在形式上可能是企业的一种创新设计，也可能是与传统业务价值定位的互补、协调和错位。

比如，传统业务定位在重资产模式，Token 业务则定位在轻资产模式，有效拓展和补充重资产模式的空白和不足，延长目标客户群的生命周期。

因此，作为“价值单元”，区块链上通证系统的价值定位包含价值定位的两个基本要素——价值主张和价值内容。这样的价值主张和价值内容也许会脱胎于产品、服务，但并不是完全依赖于产品或服务，更多的是在自身企业资产基础上，对自身 Token 价值的挖掘，即要打造自己的 IP，也就是 Token 的品牌故事和通证文化，使既是用户又是投资人的消费者一目了然并为之心动。

简单理解，对传统企业来说，通证系统关注的基础点是企业资产及未来价值，使用关系远比底层加密经济的设计重要，同时它又区别于传统的企业价值定位，是另一套完全独立的价值体系，因此其价值定位有着另一套操作法则。

“三原则框架”价值定位

Token 是权益的证明，且注重的是使用关系，其价值点为：

权利，拥有通证就相当于拥有产品的使用权、管理权、投票权及产品或市场的一般访问权。

价值交换，Token 是价值交换的基本单位，在通证系统中允许使用者赚取、消费、流通，是具有买卖双方的交易市场，有在其生态内部消费获得服务的特点。

手续费，Token 就是用于登录区块链的基础设施或使用产品、服务时的缴费凭证，它可能被用于运行智能合约以执行支付保证金、转账费或其他计量方式的一般使用费的功能。

杠杆，Token 被当作一种杠杆手段以丰富用户体验，如加入网络或与其他用户连接，如果将它发放出去作为使用或加入团队的回报，它也可以被视为一种激励手段。

货币，将 Token 看作一个非常高效的支付方式和交易引擎，以便企业低门槛、高效率地处理自身结算业务，有效规避传统金融结算方案迟缓或者费用高昂的掣肘。

收益，Token 是一种企业资产增值的公平再分配，如分享利润、分享权益或其他收益等。

我们可以将以上的价值点与其用法和作用进行简单归类分析，组成 Token“三原则框架”直观体现，如图 5-1 所示。

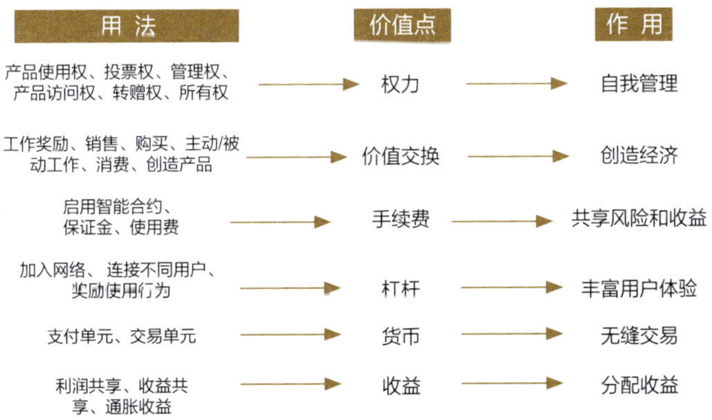

图5-1 Token“三原则框架”

“三原则框架”会是你的价值定位“地图”，我们可以按图索骥，并用一句话概括出来。

比如，你的通证系统 Token 是产品所有权，为了实现用户的自我管理，此时你的价值点便是“权利”，你的价值定位可以用一句话体现，“让拥有更值钱”；你的通证系统是让不同的用户得以更好地连接，为了丰富用户体验，此时你的价值点便是“杠杆”，Token 发挥的是杠杆作用，撬动、最大化用户之间的甜蜜点，你的价值定位可以用一句话体现，“同道之爱，超乎你的想象”；你的通证系统为销售助力，创造新的交易市场，价值点是“价值交换”，价值定位便是“消费即投资”……

要设计一个好的通证系统，就要通过分析加密数字市场重新定义和分析业务模式，将价值定位和业务模式浓缩成一句话，以便用户和粉丝第一时间了解、关注。

在商业中，没有价值联系的用途就是浪费，还会导致失败。一个新的通证系统就像一个创业公司，它需要合适的产品和市场，也就是价值定位，也需要落地的经济模式和许多的用户。在下一节中我们将重点介绍如何找准目标客户。

02

用户细分：找准目标客户

隔道不下雨，百里不同风。

——民谚

前面介绍了如何进行价值定位，但是你会发现，通证系统内各角色的价值很难设计，因为通证经济本质是一个复杂的系统，有多个角色、多种关系。

比如，按照传统的商业规则，消费者只有一个角色，与企业也只在消费环节产生关系。而在通证经济中，消费者可以突破单一的身份限制，成为投资者，成为参与者，成为传播者……多重身份的塑造和统一，虽然能够极大地挖掘其所蕴含的价值（而不仅仅是消费价值），但是也逐渐“乱花渐欲迷人眼”。

加之，通证系统是一个虚拟的世界，每个企业面对的都是打破了地域限制的庞大市场，这就使得企业服务业务可以突破成本限制，理论上服务于数量无限的用户。因此，用户的细分是必不可少的一步，可以让通证系统的构建、推广更为精准。

有了用户才会有企业发展的根基，对通证系统来说也是如此。我们需要“以大入小”，找到目标客户群，形成稳定同频的“群众基础”，从而构建整个系统良性发展的基础。

大框架——角色抽象

很多人进行通证设计时，会把所有可能的参与者一一罗列出来，然后进行思考分析，最后发现他们之间的关系“剪不断，理还乱”。

其实，通证系统中有一个简单的角色分类方式，即先将系统中的所有用户抽象为三类角色：

生产方——矿工；

交易方——用户；

投资方——投资人。

矿工就是付出资源或劳动换取 Token 的人。比如在比特币的世界中，矿工投入算力、电力来换取 BTC；在币车的世界中，矿工投入创作和评价来换取 HIT；在 Filecoin 里，矿工提供存储和带宽来换取 Filecoin……总而言之，矿工的角色是为整个通证系统提供“供给”，是生产方。

用户，是付出成本（法币或其他资源）换取成果的人，简单理解就是使用通证系统为达到某个目的的人。比如，BAT 的世界里，用户就是广告主，他们支付费用给 BAT 来换取其他用户的注意力；在以太坊，用户就是 DApp 开发者，他们支付 Gas 费用来换取算力……总而言之，用户的角色就是为生态提供“需求”，是交易方。

投资人，就是以挣钱为目的买进卖出 Token 的人，他们让 Token 流动起来，为市场提供了流动价值，如果设计得当的话，投资人还可以提供宝贵的“信息”。

一旦我们将所有的用户抽象成三大类，就可以进一步根据价值定位，快速找到目标用户，通常不同价值点与目标用户的对应关系如表 5-1 所示。

表 5-1　　不同价值点与目标用户的对应关系

价值点	目标用户
手续费	生产方
权利	交易方
价值交换	交易方
杠杆	交易方
货币	投资方
收益	投资方

当然这也并非绝对，最主要的还是要看你所构建的通证系统最终要起到什么作用。

那么，找到了目标用户，如何再进一步细分呢？

小范围——用户洞察

当我们将所有角色抽象为三大类时，便可以简单地寻找切入点。这里可以借鉴传统商业做法，千头万绪也就变成了一件事——目标用户想做什么？这就需要从需求入手，因为需求往往是稀缺和明确的，而供给则是发散和模糊的，从目标用户需求出发，我们才能保持专注有效地分析和洞察。

比如，你的通证价值点是“杠杆”，以此连接更多的人，那么，你的目标用户就是交易方中的广告主，此时，你将广告主全部需求进行罗列，如受众知晓、受众偏好、营销内容、营销渠道和营销管理等，然后思考每一个需求对应的工作量（矿工需要做什么事情才能创造出这个结果）应该是什么，比如品牌信息展示、问卷调查、定向创作、分发内容和评价内容等。

这样，你就将供给和需求连接了起来。然而仅仅这样还不够，连接了不代表就会有交易发生，就好像两个水池中间接了一根水管，如果没有势能，水管不会有水流，因此，你还得再罗列一个清单，找出交易方与供给方之间的

“势能”，也就是看交易方的需求意愿是否会高于供给方的供给成本。因此你可以罗列一个表格，将各方势能进行比对，如表 5-2 所示（只是举例说明示意，不代表实际情况）。

表 5-2　　各方势能对比

用户	需求意愿	矿工	供给成本	需求意愿≥供给成本
受众知晓		品牌信息展示		否
受众偏好		问卷调查		否
营销内容		定向创作		是
营销渠道		分发内容		是
营销管理		评价内容		是

通过这个表格，我们会发现五种可能的交易瞬间就变成了两种——营销内容和营销渠道，那么，我们只需要关注以下四个问题。

广告主如何换取营销内容？

如何用 Token 激励矿工定向创作？

广告主如何换取营销渠道？

如何用 Token 奖励矿工分发内容？

至此，你不仅轻松找到了目标用户，更是通过这样的洞察，找到了通证系统中可对目标用户实现交易的所在（至于如何回答这一问题，笔者将在下文中逐步介绍）。

03

关系设计：建立“共识法则”

> 义人必承受地土，永居其上。
>
> ——《圣经·诗篇》

通证系统的设计不是为了 Token 而 Token，而是在清晰的价值定位下，针对具体的目标用户，通过一个有效的关系设计来体现和解决他们的核心需求和诉求。

当然，这个关系设计不仅仅是目标用户的需求所在，也兼顾其他参与者的利益，是整个通证系统的良性平衡，也就是说，通证系统的痛点在于如何在多个角色之间达成共识，以保证不同的群体能够在一起良好共事。

通证系统最核心的创新就是“共识 +Token”，它们共同编织、构建了通证这片“新土地”的法则，不仅让系统中的每一角色各取所需，更能够有效结合、协作、沟通、交易，互相依赖、生存，“永居”于同一生态。

共识是对“关系”的简化和拓展

在通证系统出现之前，传统产业有产业联盟，产业联盟上成员之间的关系大体有如下两种：

为解决价格、成本、效率、资金结算等问题，企业之间相对应达成某一核心共识。

为解决消费者信任、主动参与、品牌推广等问题，企业与消费者之间达成某一核心共识。

这样的关系存在产业边界和拜占庭将军问题①，企业或消费者无法保证在没有任何权威又不能相互信任的情况下达成“共同进退”的共识，彼此之间因利益而连接的关系非常脆弱，极易遭受背叛和损失。

而通证系统是通过 Token 将各利益方连接，一般是围绕 Token 价值的一个证明，它将各类用户之间的关系统一变成了一种“证明”关系，如使用的工作量证明、健

① 拜占庭将军问题：Byzantine failures，是由莱斯利·兰伯特提出的点对点通信中的基本问题，其含义是在存在消息丢失的不可靠信道上试图通过消息传递的方式达到一致性是不可能的。因此，对一致性的研究一般假设信道是可靠的，或不存在本问题。

康的证明、产品品质的证明、数据价值的证明等，也可以是大家共同认可的 Token 价值指数的一个证明算法，如下文中的 POS 共识。

也就是说，通证系统改变了以往企业与企业、企业与消费者的关系形式，由“利益”转变为“证明”，具有三个基础特点：

是一个有效的被认可的“商业协议”，Token 在形成的那一刻，已经是整个系统所有参与者的共识。

是一个 IT 问题，通过一个算法来实现和固化，并用开源代码来进行公示，共识的呈现结果是一个分布式共有账本和开源的算法代码，是解决陌生或不是很熟悉的产业节点和消费者之间的信任问题的基础，“你可以不信任我，但你可以相信代码”。

是一个社区生存法则，社群中的每一个人，可围绕通证所代表的产业进行讨论、协商、参与、投票和分享。

当然，在通证社群里，不同角色的利益诉求不一样，所建立起来的共识也会有差别，矿工对技术和算法可能比较狂热，产业联盟节点对产业利益或关键节点有诉求，Token 的持有者对价值上升有追求，消费者或用户诉求可能更为发散……

因此，就出现了上一节我们所讨论的问题：需要找准目标用户，并洞察其需求。如果你的系统目标用户是开发团队，则要以开发团队需求为核心达成共识；如果你的系统以产业企业为目标用户，则共识需要建立在产业联盟节点讨论碰撞上；如果你的目标用户是消费者，则需要考虑消费者的利益和诉求……这与传统商业模式的设计非常类似，但是又有所不同。不论如何，都要兼顾各方利益，在一个通证社区的治理结构中形成一种平衡。

其实，通证系统共识的本质就是在代码编程世界和社群的不同人群中，最终形成一个最牢靠的关系——共识。而代码即法律，将资产数据、用户行为或价值指数的算力等进行计算并形成可信的“证明”。

六大共识机制对比

在过去几年中，社区在不断演进中催生了诸多的共识机制，目前最常见的共识机制有以下几种。

1.PoW（工作量证明）机制

PoW 可简单理解为一份证明，证明你做过一定量的工作，即别人通过查看工作结果就能知道你完成了指定量的工作。PoW 通过评估你的工作量来决定你获得记账权[①]的概率，工作量越大，就越有可能获得记账机会。

① 记账权：比特币系统中没有中心化的记账机构，每一个节点都有记账权。在比特币网络中，全网矿工共同参与算力竞争，算力高的矿工计算能力更强，更容易获得记账权。成功抢到记账权的矿工负责记账，并将账本信息同步给整个网络，作为回报，矿工将获得系统新生成的奖励。

优点：完全去中心化，节点自由进出。

缺点：资源消耗相比其他共识机制高、可监管性弱，同时，每次达成共识需要全网共同参与运算，性能效率比较低。

2.PoS（权益证明）机制

PoS 是 PoW 的一种升级共识机制，通过评估你持有 Token 的数量和时长来决定你获得记账权的概率，节点获得区块奖励的概率与该节点持有的 Token 数量和时间呈正比，即类似于股票的分红制度，持有股权相对多的人能够获得更多的分红。

优点：相对于 PoW，在一定程度上减少了数学运算带来的资源消耗，性能也得到了相应的提升。

缺点：由于 Token 在分配初期时人为因素过高，容易导致后期差距过大。

目前，有很多数字资产用 PoW 发行，用 PoS 维护区块链网络安全。

3.DPoS（委托权益证明）机制

所有持有 Token 的用户都可以参与到网络治理，投票选出若干委托节点，区块链完全由这些委托节点按照一定算法生成和维护，类似于议会制度或人民代表大会制度。DPoS 资源消耗和容错性与 PoS 相似，但 DPoS 比 PoS 更高效。

优点：大幅减少参与验证和记账节点的数量，可以达到秒级的共识验证。

缺点：整个共识机制还是依赖于代币，很多商业应用是不需要代币存在的。

4.POOL（验证池）机制

基于传统的分布式一致性技术，加上数据验证机制，是目前行业链大范围在使用的共识机制。

POOL 验证池的概念被广泛应用在服务器端软件的开发上。使用池结构可以明显地提高应用程序的速度，改善效率低下和降低系统资源的开销。所以在现在的应用服务器端的开发中，池的设计和实现是开发工作中的重要一环。

优点：不需要代币也可以工作，在成熟的分布式一致性算法（Paxos、Raft）基础上，实现秒级共识验证。

缺点：去中心化程度不如 PoW，是更适合多方参与的多中心商业模式。

5.Casper（投注共识）机制

这是以太坊下一代的共识机制，每个参与共识的节点都要支付一定的押金，节点获取奖励的概率和押金呈正比，如果有节点作恶，押金则要被扣除。更直白地说，Casper 不仅是协议，也是奖惩机制。

优点：该对恶意制造者加以惩罚，使得区块链尽量保障不会产生分叉。

缺点：该机制还不是十分完善，Casper 和一般化的投注共识还需要大量研究，比如提高效率，目前的概念原型（PoC[①]）能模拟大约 16 个验证人同时运行，理想情况下这个数字应该越高越好。

6.PBFT（实用拜占庭容错）机制

拜占庭容错技术（Byzantine Fault Tolerance，BFT）是一类分布式计算领域的容错技术。拜占庭假设是对现实世界的模型化，由于硬件错误、网络拥塞或中断以及遭到恶意攻击等原因，计算机和网络可能出现不可预料的行为。拜占庭容错技术被设计用来处理这些异常行为，并满足所要解决的问题的规范要求，但是运行复杂，缺乏实用性。

而 PBFT 降低了拜占庭协议的运行复杂度，从指数级别降低到多项式级别，使拜占庭协议在分布式系统中的应用成为可能，算法经过三个阶段达成一致性，这些阶段可能因为失败而重复进行。假设节点总数为“3f+1”，那么 f 为容许的最大恶意节点数。

PBFT 在很多场景都有应用，在区块链场景中，一般适合对强一致性有要求的私有链和联盟链场景。

优点：在保证活性和安全性的前提下提供了“(*n*−1)/3”的容错性。

① PoC：Proof of Concept 的缩写，意思是为观点提供证据，它是一套关于建议的电子模型，它可用于论证团队和客户的设计，允许评估和确认概念设计方案，PoC 的评价可能引起规格和设计的调整。PoC 流程所产生的关于设计的承诺、大家都认可的意见都将被记录在设计的调整文档中，以备查。

缺点：当有 1/3 或以上记账人停止工作后，系统将无法提供服务；当有 1/3 或以上记账人联合作恶，且其他所有的记账人恰好被分割为两个网络孤岛时，恶意记账人可以使系统出现分叉，但是会留下密码学证据。

我们可以用一张表格将以上几种共识机制特点直观展现，如表 5-3 所示。

表 5-3　　六种共识机制特点

共识机制	PoW	PoS	DPoS	POOL	Casper	PBFT
性能	低	较高	较高	较高	较高	高
去中心化程度	完全	完全	完全	较弱	完全	较弱
最大允许作恶点数量	51%	51%	51%	33%	51%	33%
Token是否需要货币化	是	是	是	否	是	否
应用类型	公有链	公有链	公有链	联盟链	公有链	联盟链
技术成熟度	成熟	成熟	成熟	成熟	未应用	成熟

我们可以看到，不同的共识机制有着不同的应用特点，这样的优劣对比，也只是为了帮助你结合自身通证系

统所要建立的共识要点，更为便捷地匹配合适的共识机制。比如，上一节中以广告主为主要用户的通证系统，便可以采用 PoS 机制，以 Token 的持有量，设定广告主换取营销渠道的权利。

当然，除了以上几种，还有其他的共识机制，随着技术的发展，未来还有可能诞生更先进的共识机制。但是不管如何，适合的就是最好的。

04

上链设计：技术驱动核心资源优化

始于设计，重在施工。

——建筑行业名言

很多人都听过资产上链这个词，区块链技术的资产登记、交换、流转，统称资产上链。它解决的是将物理世界的实物资产以及产生于数字世界中的资产映射到区块链上的问题。

其实，上链设计就是这样的一种资产上链，但这个“资产”的含义更为广泛，是将我们企业中的实物或资产与产生于数字世界的Token在区块链中彼此映射，并通过合理的架构、设计，将Token功能最大程度释放，从而维系整个通证系统的“血液循环”。

如果说价值定位是通证系统的“建设模型”，上链设计则是对通证系统的施工建设，包括 Token 数量逻辑及层级结构打造。

Token 资产价值的链上表示及数量逻辑

资产价值是 Token 的核心，它是通证经济中创造或生产出来的价值单位，用户主动拥有它并分配、分享持有者利益。也就是说，Token 是资产、产品、服务等在通证系统中的价值表示物，而其表现出来的价值是数字资产价值，涉及资产价值的包括三类：

比特币、以太坊等链上原生资产价值；

映射到链上的线上资产价值；

映射到链上的线下资产价值。

当它们被在链上表示后，我们将之统称为“数字资产”，也可以简单理解为将资源进行“数字资产化”的过程，如图 5-2 所示。

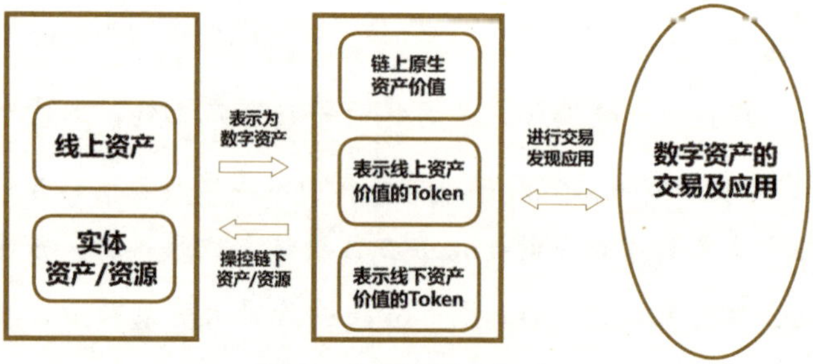

图5-2 “数字资产化”过程

因此，Token 所表示的价值是什么，如何与现有资产、资源对应，可以通过什么贡献获得，如何确定它的价格，这些是通证系统设计的核心问题。当然，关于 Token 所表示的价值是什么，通过本章第一节的分析，我们已经知道如何设计，其余的问题则与通证的数量设计有着非常大的关系。

Token 的数量设计包括初始分配、流转、总量控制等。

通常，Token 的发行和分配涉及四个方面：团队或顾问（Token 发行方）、系统投资方、生态成员（矿工、用户）、留存。

团队与顾问的 Token 会按预设规则逐步解除锁定。

生态成员通过贡献获得 Token 奖励，并按规则逐步解锁与流通。

系统投资方，一个通证系统分配给投资方的 Token 通常是固定的。

留存，留存的 Token 并不进入流通，除非它的状态被改变了。

而 Token 持有量会随着时间而变化，如图 5-3 所示。

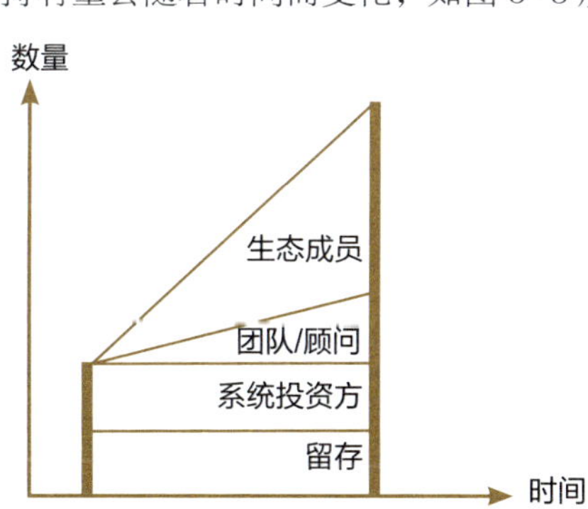

图5-3 Token数量随时间变化

通常一个通证系统的初始分配方案是：系统投资方、团队或顾问获得一部分 Token；现有生态成员按照规则获得一部分 Token；留存一部分 Token 以备社区发展。其中生态成员按照规则获得 Token 就是把线上资产映射到链上，用 Token 表示出来。

待初始分配完成，Token 则主要根据生态成员的贡献进行分配，也就是进入流转环节，需要我们设计一个 Token 在社区内使用的场景。

生态成员如何获得 Token？

生态成员如何消耗 Token（从项目角度看就是如何回收 Token）？

项目回收的 Token 如何安排？是再次发行与流通，还是销毁，抑或留存？

这便涉及了 Token 的总量控制。

目前，Token 总量设计上有两种形式。

总量有上限，是为了打造一个通缩模式，使通证始终保值增值，保持吸引力。

总量无上限，最主要的是以项目中“股份”增发为目的，如以太坊，募集资金不规定上限，募集多少资金，发行多少以太坊。

但是，不管 Token 发行数量有无上限，都要以社区成员长期稳定收益为最高原则，不能以发行方短期利益去加大通证发行量和加快发行速度，因此，核心要考虑两个方面。

总量，Token 的总量如何变化，是增多、不变，还是因逐步销毁而减少？

解锁，被锁定的 Token 以什么样的速率和规则逐步释放？

初始分配、流转和总量控制，是一个完整的 Token 数量逻辑，如以太坊，其初始发行总量约为 7200 个，其中 16.53% 归以太坊基金会，83.47% 归 ICO 投资者所有，采用 PoW（Proof of Word，工作量证明）挖矿，每个块奖励 5ETH（ETH，以太坊），每天出块约 5400 个，每天奖励约 27000ETH，所有新发行的 ETH 百分之百奖励给矿工。

待我们确定了 Token 数量逻辑之后，就可以在区块链结构中进行代码实现，并在区块链上自动甚至自治运行。而如何进行代码实现，便是层级性地对通证系统进行系统性打造。

通证系统层级结构打造

在《通证经济——重构数字化实体经济新生态》[①] 一书中，我们已经知道区块链在架构设计上可以简单地分为三个层次：协议层、扩展层、应用层。它们之间相互独立又

① 金典社区：《通证经济——重构数字化实体经济新生态》，中国财富出版社，2018。

不可分割，形成了整个区块链的运行逻辑。

其实，我们还可以将区块链架构分得更为细致，以便在上链设计时能充分考虑到各个环节，如表 5-4 所示。

表 5-4　区块链层级结构

序号	层级	含义
1	数据层	封装了底层数据区块的链式结构，以及相关的非对称公私钥数据加密（RSA、ECC 等），时间戳技术
2	网络层	分布式组网机制、数据传播机制和数据验证机制等，P2P 组网技术
3	共识层	主要封装了网络节点的各类共识算法：如上文提到的 PoW（工作量证明）、PoS（权益证明）、DPoS（股份授权证明）等
4	激励层	主要出现在公链中，因为公有链中必须激励遵守规则参与记账的节点
5	合约层	封装分类脚本、算法和智能合约，是区块链可编程特性的基础
6	应用层	封装了区块链的各种应用场景和案例，可编程货币、可编程金融工具等

所有构建在区块链基础上的通证系统都可以用上面表格的层次结构来有针对性地进行分析、设计。

举个例子，过去的十年，AI 高速发展，全面覆盖了人类生活的各个方面，AI 的进步需要大量的数据，我们每个人都已经在互联网上留下了大量数据。未来，区块链上的数据将会更多。于是就有人创建了 PAI（Personal

Artificial Intelligence，个人人工智能）项目，以区块链为基础的平台，允许每个人创建、管理、使用自己的PAI。每个PAI都由原始主人生成、控制和管理。每个人在使用自己的PAI的同时，也为整个系统贡献了数据和资源，并因此获利。①

那么，它是如何打造这个通证系统的？

PAI有三个模块：

验证层，认证、管理PAI生态系统中存在的各种关系；

智能网络层，学习、管理交易的记录，运行点对点的协议；

数据层，将加密的数据无缝地索引到存储系统。

我们可以将这三个模块内容分别拆分进区块链层级结构表中，得到表5-5所示。

表 5-5　　　　PAI 模块

序号	层级	含义
1	数据层	PAI 区块链使用分叉的比特币代码库，使用 secp256k15 EC 字段，曲线参数利用 BIP326 分层推导私钥。一旦定稿，BIP397 助记码就会被包含在内。客户端生成私钥的公钥以用于不同独立的用例。公钥可以发送和接收 PAI 币、数据、许可和其他形式的节点通信。At-rest 加密技术用于防止数据以任何明文的形式传播

① 参见《Project PAI 中文版白皮书》，https://www.chainnode.com/doc/1542（访问于2019年2月）。

续表

序号	层级	含义
2	网络层	BitTorrent 协议由 Project PAI 专用节点起步，以保持数据的初始可用性、冗余性和安全性。存储在此层的数据是在客户端加密的
3	共识层	Consensus 共识机制
4	激励层	PAI 区块链系统级的内部币，各应用程序和用户可以用其交易和操作。Credits（积分币）只存在于应用程序层级的用户积分系统，用户可以通过为应用程序提供数据赚取积分币
5	合约层	系统为初始币生成事件预留了先挖好的 PAI 币。在后续挖矿活动中，PAI 币可以从交易、提供验证服务等类似 Bitcoin 挖矿的活动中产出。数据引用通过事务脚本在 OP_RETURN 中传递
6	应用层	电子档案、PAI 网络平台、DApp，这些应用程序涵盖了个人数字化经济体系的各个方面，比如社交、游戏、娱乐、健康、教育等其他个人产品和服务。它们围绕 PAI，开发提供各种用户体验和核心功能，并提供面向消费者的应用层积分系统

所以，在进行上链设计时，我们事先要厘清区块链的层级具体含义及其所包含的具体技术，然后再根据自身通证系统特点选择合适的技术和操作方法。

上链设计是一个非常具体的“施工过程”，需要通过数量逻辑和一套层级系统结构完成对现实资产、资源与数字资产之间的映射，将资产、资源数据量化为一个“价值指数”。待工程结束，则是要对通证系统进行治理，让社区成员持续、有序地参与互动，形成一个合法、合规的价值生态体系。

05

结构治理：链上链下行为规范

你不可像那无知的骡马，必用嚼环辔头勒住他，不然，就不能顺服。

——《圣经·诗篇》

一个企业创建通证系统的关键目标在于衡量创造力和生产力，为了实现这一目标，除了前面的这些步骤，还需要在用户行为和行为结果对整个系统价值的影响之间建立特定的联系及规则。这种建立联系和规则的方式就是治理，区块链自身的技术特点也为通证系统提供了全新方式来实现治理的基本功能。

通证系统的治理是对参与成员的一种“行为规范”，是为了保证通证系统的长期、稳定、健康发展，治理机制是每一个通证设计者和参与者都需要深入思考和探讨的问题。

区块链治理概念和技术支撑

联合国全球治理委员会曾对治理概念进行了界定："治理是各种公共的或私人的个人和机构管理其共同事物的诸多方法的总和，是使相互冲突或不同利益得以调和，并采取联合行动的持续过程。"这既包括有权迫使人们服从的正式制度和规则，也包括各种人们同意或符合其利益的非正式制度安排。

近年来，治理概念逐步延伸到区块链领域，诞生区块链治理概念，并有两种不同含义。

一是内部治理，指区块链网络的底层协议和共识机制设计，协议和机制能通过什么样的方式进行改善和改变。

二是外部治理，指如何利用区块链作为一个工具，改善外部的组织和政府治理的流程以及系统，从而更好地平衡民主和效率之间的矛盾，更好地让所有关系人有更公平的参与机会，最终达到更好地促进生产力的目的。

而本节讨论的通证系统的治理是内部治理概念，是具体到基于 Token 建立的开放社区来说的，指的是参与创建、更新升级和废除某些正式或者非正式的系统规则的行为。这些规则可以是代码（智能合约）、惩罚（针对恶意行为的处罚措施）、流程（当某事发生时，需要进行什么操作）等。

而任何的治理都需要一定的技术作为支撑，比如需要一种技术来记录相关规则，并可以保证规则的准确性、完整性和安全性；需要一种技术来支持成员参与规则，根据规则展开相应活动……通证系统的结构治理则由区块链技术提供了全新方式来实现治理的基本功能。

提供一种理想的信息记录方式。存储在区块链上的信息是分布式的，可以很好地保证信息的准确性和安全性，访问也非常容易，并且能够在记录之后，验证这些信息是通过一种特殊的流程创建的。

提供一种新形式的规则交互。智能合约技术能够将相关的规则转化代码存储在区块链上，成员与规则之间可以通过与智能合约账户的互动来实现，是一种新的规则交互方式。

提供一种规则自动执行技术。智能合约技术为规则的自动执行提供了有效的支持，当规则被表示为可执行代码时，该规则可以在满足触发条件时被执行。

基于区块链的治理技术，对通证系统的治理可以分为链上治理和链下治理。

链上治理与链下治理

链上治理，就是将更改建议写入区块链协议的代码中，开发者可以将建议的更改提交到区块链的更新中，而每个 Token 持有者可以对此投出赞成票或反对票。

链下治理，则是由社区信任的人组建一个管理小组，负责区块链的治理和利益划分。

链上治理被认为是许多“区块链 3.0”项目的核心，它尝试摆脱传统组织结构中人的治理带来的不确定性，用高度机械化、自治化实现民主，如 DFINITY、Cosmos 等；链下治理则是早期区块链项目大多采用的治理方式，用管理小组负责协议中的安全漏洞和隐患，提高区块链的可扩展性并添加新功能，同时作为代表参与公开的讨论和会议，保证社区各成员之间的权利平衡，如比特币、以太坊等。

其实两者主要的区别在于：链上治理是默认选择性加入的，参与者需要采取行动才能参与治理过程；链下治理则是默认选择性退出的，大部分参与者可能并不知道也不能影响治理的过程。两者各有优劣，存在许多争议。

1. 链上治理的优劣

链上治理通常具备以下几个优势：

可以迅速发展并接受必要的技术改进；

建立一个明确去中心化的框架，可以避免链下治理的已知缺陷（链下治理不太稳定且易出现分叉，或者在事实上过于中心化）；

有利于保证流程的贯彻执行，从而提高协调性和公平性，也允许更快地进行决策。

但是这种直接民主的治理方式存在一些问题：

导致“公地悲剧”[①]；

选民冷漠，只有很少一部分的人真正会去投票；

可能产生贿赂，影响投票结果；

具备非理性的特点。

通证系统治理的全民投票中可能会发生“公地悲剧”。每个人为自己的利益投票，最终将导致某方面参与者利益受损而离开网络，继而损害通证系统的价值。例如，每个区块只能处理一定数量的交易，需要支付一定的手续费。大部分 Token 的持有者都希望尽量降低手续费，如果按照他们的意愿进行治理，使得手续费不断降低，矿工的收益就会受到影响，最后导致矿工退出网络，因为手续费收益不足以支撑挖矿成本。

同时，对每件事情进行链上投票会造成选民冷漠，只有很少一部分人真正会去投票，重复而又烦琐的步骤也会

① 公地悲剧：指公地作为一项资源或财产有许多拥有者，他们中的每一个人都有使用权，但每个人没有权利阻止其他人使用，而每个人都倾向于过度使用，从而造成资源的枯竭。之所以叫悲剧是因为每个当事人都知道资源将由于过度使用而枯竭，但是每个人对阻止事情的恶化都无能为力，而且还会抱着“及时捞一把”的心态加剧事态的恶化。

让部分参与者感到疲惫。当系统成员参与度低下时，持有Token越多的“富人”或项目建立者（预挖矿）会有更大的权利，可能导致贿选的出现或少数人利益被照顾的风险。

另外，互联网时代信息爆炸，已经让人们由于信息过载而思考不足，如果在通证系统中，某些不怀好意的人煽动起参与者群体非理性的一面，可能会让治理向着损害通证系统长期利益的方向发展。因为群众往往容易相信煽动性的消息而不愿意花费时间去追根溯源查证消息，最终影响了他的理性判断。

2. 链下治理的优劣

链下治理的优势在于“专业的事情交给专业的人做”。

确实，相比于普通的参与者，专业的开发者或矿工更能理解区块链未来的方向，做出的决策会更有利于区块链项目的发展。

但是，这种方式非常中心化，其将权利过度集中于开发者或矿工手中，其他参与者只能被动接受。

如2016年以太坊的“The DAO事件”。当时The DAO遭受黑客攻击，社区提出了一个软分叉[1]方案，虽然

① 软分叉：指在区块链或去中心化网络中向前兼容的分叉。向前兼容意味着，当新共识规则发布后，在去中心化架构中节点不一定要升级到新的共识规则，因为软分叉的新规则仍旧符合旧规则，所以未升级的节点仍旧能接受新规则。

实施起来更为容易，可依旧有被黑客利用和攻击的风险。在这种情况下，即便大部分以太坊社区都支持软分叉，但是核心开发团队还是根据以太坊基金会的投票结果实施了硬分叉[1]。为此很多人认为这违反了“代码即法律”的原则，导致以太坊项目的声誉受到影响。[2]

再如 2017 年比特币现金出现的一系列事件。比特币社区多数人认为提升比特币区块链大小是未来发展的核心路径，而比特币的核心开发团队从自身利益出发，迟迟拒绝这一改变，自行采取支持闪电网等其他的解决方案。尽管网络的持续拥堵和高额转账费可以为其自身带来短期收益提升，但是不少矿工从长远角度考虑，在多次共识会议无法达成统一的行动后，决定将比特币硬分叉从而产生可变区块大小的比特币现金。

可以说，创始团队控制是非常普遍的一种链下治理方式，但是这种方式不会长期持续，因为创始团队无法始终代表系统中多数人的利益，也无法保证永久参与治理。

目前，区块链治理仍然是新生事物，仍处于争议和探

① 硬分叉：区块链发生永久性分歧，在新共识规则发布后，部分没有升级的节点无法验证已经升级的节点生产的区块，通常硬分叉就会发生。代码出现一个硬分叉，会改变挖矿算法的难度级别。

② 参见《以太坊分叉的缘由 :The DAO 事件究竟是怎么回事》，http://www.ymcall.com/artinfo/862605368226857692.html（访问于 2019 年 2 月）。

索阶段。其实两种治理方式并不存在绝对的优劣和高下之分，不同的通证系统可以添加一些不同的元素来优化治理的解决方案。

比如 Tezos 是链上治理的典型代表，它是一个可以自我修复的区块链，具有内置的治理机制，所以允许 Token 持有者通过投票来进行技术升级和迭代。但是其开发团队开发了自己更新协议的方法：Self-Governance。当 Tezos 需要更新协议时，它会在区块链上发起投票，参与者们需要决定要不要实施协议更新。如果大部分人同意（大部分人不同意提案会被拒绝），协议将会被自动编译部署到 Tezos 的测试网络上进行运行。在一段时间的稳定运行后，再发起一个确认投票，如果大部分人同意，则协议生效，将被自动部署到主体网络，并强制将每个节点更新成最新协议。

而 Decred 采用的是链下治理，它是一款专注隐私的支付类基础链通证，未来将把决策制定的过程转移到链上进行，治理中的关键过程是选举仲裁团对于变动进行投票，并设立了 365 天的最长解决时间，所有问题都必须在 365 天内通过投票解决。[①]

通证系统的治理不仅是一个抽象的设计问题，更是一

① 参见《如果链上治理就是少数服从多数，那么少数人的利益谁来保障》，https://www.8btc.com/article/279014（访问于 2019 年 2 月）。

个社会的应用性问题，而其结果更像是一个“政治结果”，表明你对区块链治理的偏好（它们是你的政治倾向，而区块链治理的未来，将是政治的结果）。

想要寻求最佳的治理方法，需要你去了解系统参与者的“政治偏好”，摸清他们的立场，并鼓励他们公开表明自己的“政治偏好”，确定社区被什么样的“政治取向”所主导，并与自身的倾向进行比对，找到自己的“政治盟友”，或者说服他人与你自身的“政治取向”保持一致，尽可能地防止你不希望看到的结果出现。

06 系统运营：社区化运营

他要像一棵树栽在溪水旁，按时候结果子，叶子也不枯干。

——《圣经·诗篇》

互联网社区将具有共同属性的用户聚集在一起并提供共识内容进行互动。社区运营就是尽可能长时间地维持这样一个聚集在一起、有共同属性的用户并产出内容和相互互动的场景。

而通证项目也是将共同属性的用户聚集在一起并提供内容共识进行互动。只是与网络社区不同，它没有边界，每个节点都具有高度自治的特性，节点与节点之间彼此自由连接，节点与节点之间的影响会通过网络形成非线性因果关系。正是这种开放、扁平、平等的组织结构，使得每一个社区成员都是一个微小且独立的贡献者，参与到通证项目中来。加之在项目启动之时，系统本身就已经包含了多个角色关系，且有一定的技术门槛，更需要社区的形式进行交流沟通。所以，通证系统更具社区属性，本身的意义就是通证社区了。

通证经济离不开社区，无论是节点企业的社区还是消费者用户以及投资人的社区，都需要进行持续的社区运营，一方面为成员间的交流、交易提供一个良性互动的环境，另一方面则是通过互惠互利的方式建立一个良性循环的通证生态。

通证社区运营

社区建设对区块链项目来说至关重要，这是由产品决定的，区块链技术涉及分布式数据存储、点对点传输、共识机制、加密算法等，使用门槛非常高，用户很难通过微博、微信了解产品具体如何使用，而官网文档很难做到尽善尽美，在这个时候，社区就是一个很好的平台。为区块链项目增添部分社交属性，使好的项目容易在用户之间讨论和传播，通过用户口口相传，实现低成本传播进而形成网络效应。而在通证项目中，由于社区成员具备投票权，更加强化了这种网络效应。除了便于传播之外，用户的聚集也会为项目赋予更高的价值，社区拥簇产生的活跃交易会让 Token 具备流动性溢价，也使得这项资产变得更有吸引力。

现实中，我们也常常可以看到这样一种现象：有的区块链项目，团队成员技术能力过硬，但是由于缺乏市场宣传和社区运营，导致没能快速建立其用户群体，在市场营销和推广上落后于竞争对手。

同时，越来越多的投资机构会把社区的规模、热度和黏性作为评价一个项目优劣的重要指标，这也从另外一个角度说明，运营一个优质的社区，对于一个成功的通证生态具有重要意义。

那么，如何将通证系统社区化运营呢？

通证社区运营需要搞定五件事

通证社区和普通社区不同，除了具备普通社区的一些共性外，其伴随通证经济发展，承载着区块链市场教育和数字资产教育的重任，传递着未来价值型网络理念，更是需要将社区与通证业务巧妙关联，真正做到群有所值，群有所用。因此要做好以下五件事情。

1. 获得鲜活、同好、同质的铁杆粉丝

前面讲的寻找目标用户在社区运营中只是完成了

“万里长征”的第一步，接下来则是需要打造拥有独特行业价值，能让用户感受到通证系统业务特色的意见领袖。

那么，从哪里挖掘？

区块链社区是一个“区块链爱好者”聚集处，大家往往有相同的爱好，或看好某一技术，或认可某一区块链项目，或执着于某一数字资产，他们都是各通证社区的“铁杆粉丝”候选人，也是社区意见领袖的候选人。

而对意见领袖的要求，除了自身的影响力外，还在于话语是否“通俗”。通证系统行业术语繁多，往往让很多用户难以听懂，“大白话”沟通很重要。意见领袖需要能够形象地解读区块链常识，通俗地讲解自己的业务优势，风趣地聚拢人气。

打造通证社区意见领袖，培育铁杆粉丝，以一带百，以老带新，可以很好地扩大社区的影响力，吸引更多同好者和社区认同者。

2. 输出一系列优质内容

通证社区之所以能成为社区，在于社区成员彼此之间的共识，因此社区需要根据这一共识，打造具有特色的内容，引发社区成员共鸣、讨论、交流。

一般来说，在一个通证系统中，社区成员比较关注以下方面的内容。

Token 是什么？

它与区块链有什么关系？

Token 会带来什么改变?

它与我有什么关系?

你们的通证项目有什么特点?

加入有什么好处?

怎样规避风险?

加入的资质和条件是什么?

目前有哪些加入优惠?

……

每个成员或多或少都会有这些疑问，你可以围绕这些问题来构建优质内容，一方面满足成员的“求知欲”，另一方面也是对自身通证项目的一种宣传。而构建的形式可以多样化，如大咖授课、明星分享、产品培训、分主题小社群运作等。

3. 线上线下互动的社区节点活动

也就是说，我们在社区运营时，不仅要针对在线分享、红包接龙、技术讨论等各类线上活动方式进行创新，更要运用好各个超级节点和社区意见领袖的力量，做好项目资讯分享、大咖私享、项目路演等特色工作，让社区线上线下互动起来，充分调动社区活跃度。

4. 一套有效的激励机制

活跃度高且转化率高的区块链社区必是奖励机制优秀的社区。

需要注意的是，这种奖励是除了 Token 及交易服务费之外的奖励，如签到、红包、积分赠送等，其与通证项目运作结合起来，量化社区成员的行为，对签到、分享、互动、福利领取等给予不同的通证积分奖励，激发社区成员参与积极性。

例如，BEECOOL 是一个区块链社区管理平台网易科技报道显示，截至 2018 年上半年，BEECOOL 已运营约 300 万人的社区，其会给社区里的用户每天发放福利以及红包，会和大家做互动。

5. 一系列高效 IT 支撑

在通证社区里会有大量的课程分享、签到活动、分享链接等操作，需要优秀的社区管理软件支撑。只是这样的软件与常规的社区软件有所不同，需要关注管理软件与我们现有的通证业务的对接及软件的开源情况，以方便后期的技术衔接。

其实大家可以发现，除了一些特殊要求，通证系统的社区运营与传统社区运营手段并无二致，因为其社区经济的本质是一样的，传统社区的运营手段都可以创新转嫁到通证社区的运营中。

通证经济方兴未艾，通证社区运作日益成为通证项目行业的标配，做好通证社区运营，项目自然会流光溢彩。我们且行且努力。

数字黄金启示

未来通证生态系统很可能像今天的互联网生态系统一样渗透到我们生活的每一个角落。如何设计和建立通证系统，将会是很多人需要思考、学习的问题。此外，我们更要懂得如何去系统性地构建一个相对完整的通证生态系统。

那么，通过这一章的分析，

你知道如何运用通证经济画布来构建通证系统了吗？

在系统建设中，哪些可以借鉴传统商业的做法？

结合自身实际，你的通证化难点会在哪个环节？

你的通证化优势又在哪个环节？

CHAPTER 6 | 第六章

行业落地 ——八大通证形式设计

相对于传统行业，也许今天的通证经济项目是散落在商海上的离岸孤岛，但是孤岛形成了 Token 应用国度。随着越来越多行业领域的落地，如溯源、内容生产、生活服务、商业积分等领域，岛屿上将会渐渐繁荣起来，并彼此交织互联，最终打破与“大陆”的隔离，成为传统行业发展的“基础设施”。

THE TENTH WAVE OF WEALTH

01

货币模式：资产或行为货币化

金钱像肥田料，如不散布是没有多大用处的。

——培根

自2018年起，相信很多人对一个新词并不陌生，那就是“资产令牌化”，也有不少文章分析到资产令牌化将引领下一轮区块链的发展。

那么，何为“资产令牌化”？

“资产令牌”的英文名为“Asset Tokens”，“令牌化”即英文单词“Tokenize”。资产令牌代表资产，就其经济功能而言，这里的“令牌”类似于股票、债券或衍生品。如Vollar便是VDS的数字令牌。

从定义中我们可以看到，所谓的资产令牌化更为接近货币模式通证，与我们下一节分析的资产模式通证是不同的。

货币模式通证是在安全法律体系下受到约束的基于区块链的价值体现，包括股权、债权、金融衍生物以及房地产等传统资产的资产货币化。货币模式下的 Token 本质上是货币化的加密数字资产，用于 P2P 支付和结算，还用于对资产 Token 的定价，也可以用于资金的流通、消费的激励、投资理财的份额管理等各种数字加密用途。

货币模式通证能让各种各样的资产将转向区块链所有权（由 Token 表示），从而改变社会持有和转移投资的方式，提升传统企业的集资、融资等操作，让“钱”更有魅力。

货币模式通证的作用和要素

任何企业在资金方面都会面临以下问题：

融资成本高；

资金流动和信息透明度不高；

大额交易成本高，受时间、额度等限制，效率低；

信用问题，融资需要质押担保，支付需要商业票据、银行承兑汇票、信用证；

交易支付需要费用；

资金错配，支付的资金和需要的资金不同步。

货币模式通证则可以很好地解决以上问题。

货币模式通证系统发行的 Token 可以实现 P2P 电子支付和结算，也可以支付平台燃料、费用（手续费、服务费）。当然最关键的不在于 Token 的发行，而是在于用发行的 Token 对数字资产或行为进行货币化。

数字资产货币化，资产持有人直接获得融资。

行为货币化，对系统内的人进行奖励和惩罚，促进系统生态建设。

当确定货币模式的 Token 定位以及货币化功能和组合设计后，就可以进一步明确 Token 的发行结构，比如总量、价格、门槛等，然后按照事先设计的节奏来发行。

除了支付结算，所有用于支付结算的 Token 都有分布式账本，可以进行资金跟踪，清晰地了解到每一笔资金数据，如交易时间、金融等，还可以针对资金错配问题进行多样化设计，从资金大小额、时间早晚等错配，用 Token 进行小额拆分、碎片化和即时实时或准确到周、日的结算。

综合来看，货币模式通证有以下四个特性：

需求性，挖掘加密数字资产，或直接融资；

实用性，适用于大部分通证项目，尤其是需要支付结算的链；

必要性，没有货币模式通证的链会缺乏内生价值和生态机制；

相关性，与其他模式都有相关性，因为其他模式通证都会与它进行组合设计和使用。

那么，如何进行货币模式的通证系统建设呢？

货币模式通证系统建设

我们可以运用通证经济画布这个通用工具来对货币模式通证系统进行建设，具体如下。

经济模型，围绕货币供给理论来设计。

资产价值，除了真金白银，还会用幸福、健康等来代替，本质是最大资产或者资产背后的生活方式的货币化。

重要合作，支付技术、数字交易所、加密数字资产使用商家。

价值定位，人人拥有数字资产。

用户细分，或有投资需求，或有互联网平台，或对数字资产狂热的人。

关系设计，满足目标用户希望用货币模式的 Token 来直接融资、投资的需求。

上链设计，一般采用产生加密数字资产的共识和结构设计，其主要的应用场景是 Token 的发行、使用、交易、消耗。

结构治理，从激励机制、分配比例、发行结构和限制规范等方面进行专业的设计、协调，要根据定位和需求来决定采用单币制还是双币制。

系统运营，通过社区运营聚集一批对该项目定位和资产价值有共识的人，愿意共同努力和持续持有的投资人，在运营中还需要特别注意“合规”，包括投资人实名识别、反洗钱和反恐名单甄别等，这是必须要做的基础工作。

需要注意的是，货币化与数字法币的定位和功能不可以冲突（它们之间的具体关系将在第七章中详细论述），数字法币本质上是货币，而 Token 虽然也具备流通、支付等功能，也能够衍生出相应的金融业务，比如 Token 红包、Token 质押融资、Token 期货、Token 期权等，但是更主要的是用来证明拥有的资产，对应的是资产的某一关键功能，在将货币模式通证应用时一定要符合国家的法律法规，避免 ICO 操作。

我们以 Bitcoin 为例。

Bitcoin 是一种 P2P 形式的数字资产，不依靠特定货币机构发行，依据特定的算法产生，使用网络众多节点构成的分布式数据库来确认并记录所有交易行为，同时使用密码学的设计来确保 Bitcoin 流通各个环节安全。Bitcoin 可以用来兑现、流通。其通证系统的设计如图 6-1 所示。

<table>
<tr><td rowspan="2">系统运营

币圈
二级市场
衍生品</td><td>上链设计

POW机制，
KYC/AML合规</td><td>关系设计

基于密码学的设计可以使比特币只能被真实的拥有者转移或支付</td><td>价值定位

去中心化支付系统</td></tr>
<tr><td>结构治理

链下，开发人员通过比特币改进建议（BIPs）流程和邮件列表进行协调；矿工们链上协调。</td><td>重要合作

数字交易所</td><td>用户细分

目标用户：对加密数字资产和自由有信仰的人</td></tr>
<tr><td colspan="2">经济模式

Token:Bitcoin
发行总量：2100万个
加密数字资产：Bitcoin</td><td colspan="2">资产价值

分布式数字资产，总数量非常有限，具有稀缺性</td></tr>
</table>

图6-1 Bitcoin通证系统画布分析

02

资产模式：权益数字化通行

把你的粮食抛到水面，多日后你必有所获。将你的家产分作七分八分，因为你不知道世上要发生什么灾祸。

——《圣经·传道书》

如果说货币模式通证更多的是将Token变为资产，资产模式通证则是将资产变为Token，从而实现资产上链，实现配额化、证券化、货币化。

其实资产模式通证非常容易理解，就是一种上链的数字资产，既包括实物资产的上链数字化，也包括链上的加密数字资产，这意味着资产模式通证可能与实物资产有对应关系，也有可能不存在对应关系。也就是说，它可能对应实实在在的资金、房产、土地，也有可能是其数字化后我们所拥有的所有权、经营权、收益权或者数字权益。

世界上一切的资产都是相对流动的，并且都有一定的销售预期。资产模式通证的本质是将资产数字化，以便更好地实现流通，提前将缺乏流动性的资产变现，在降低流动性风险的同时回笼资金、盘活分散的存量资产。

资产通证化的过程与要素

传统企业在资产方面通常会遇到以下问题：

资产价值低估；

资产流动性差；

资产无法直接融资；

资产信息不透明。

通证经济的出现，不仅让传统资产得以更有效地流通，更具透明性，还可以通过发行 Token 进行融资，从而有效解决传统企业资产方面的问题。

那么，如何实现资产通证化？

首先需要明确你的资产类型和 Token 类型。

在前面价值定位分析中，我们已经知道 Token 类型主要有生产型、消费型、功能型、权益型和支付型，资产模式通证则包含了生产型、消费型和权益型，涉及的资产类型及通证初始化条件如表 6-1 所示。

表 6-1　　　　资产类型及通证初始化条件

资产类型	Token类型	资产细分	定义 & 代表	通证化初始条件
实物资产	生产型	有形资产	具有实物形态的资产，包括固定资产和流动资产，如房屋、机器、设备、产品、人才信息等	按品类设计，建立Token标准协议[①]
		无形资产	没有实物形态的只存在于法律的定义中，如专利、信用、品牌名称、版权等	按品类设计，建立Token标准协议，因缺乏实体形式，可能更容易与通证系统相结合
	消费型	替代型资产	指除股票、债券、共同基金这些主流和常规资产之外的投资性资产，如艺术品、邮票、珠宝、古董、对冲基金、风险投资等	按品类设计，进行结构化设计，流通过程需要按批次号分级分拣设计，甚至要到单个的Token，一个Token便可代表一组对象
权益资产	权益型	—	权益类投资，是指投资于股票、股票型基金等，包括股票、证券投资基金、股票型基金，主要涉及与资产相关的有限权利被转移或转让	进行结构化设计，有的还需引入信托机制，通过SPV[②]将该权益类资产结构化为可货币化的资产Token，然后进行份额切片

① Token标准协议：在通证系统中创建、传递、管理Token的一些规范，如以太坊推出的ERC-20已经成为ICO一级以太坊所有Token的重要行业标准。

② SPV：在证券行业，SPV指特殊目的的载体，也称为特殊目的机构或公司，其职能是在离岸资产证券化过程中，购买、包装证券化资产和以此为基础发行资产化证券，向国外投资者融资。是指接受发起人的资产组合，并发行以此为支持的证券的特殊实体。

大部分传统产业的资产都可以转化为资产模式的Token，一般也需要借鉴金融的结构化设计，包括锁定、增信、隔离等金融产品设计流程，一般采用联盟链。通证化的过程则可以分为“固化”“液化”“汽化”三个发展阶段，且在不同阶段有不同的挑战。

固化阶段——资产权益化阶段，也就是变成Token，拥有权益证明，关键挑战在于Token与现实世界资产保持连接。如果Token交易者不能确定Token是否真实地连接到实际资产，那么将会极大影响Token的价值。

液化阶段——资产证券化阶段——也就是将Token流通、交易，这里有两个核心问题——信息透明度和资产分离。

汽化阶段——资产货币化阶段，也就是资产以加密数字资产形式存在，不依赖于中央登记结算，而是链上治理和交易，真正被我们自身掌握、交易、流转，主要挑战是法律监管。

综合来看，资产模式通证有以下五个特性：

需求性，让资产实现上链流通、交易，实现数字化价值；

实用性，适用于有资产或有资源的传统企业或新领域的数字资产创作者；

必要性，可以通过上链确权让资产流动，发挥资产价值；

相关性，可与货币模式通证、溯源式通证组合使用；

不足性，联盟链对Token和共识的支持比较弱，可能需要大量的定制改造。

那么，如何进行资产模式通证系统建设呢？

资产模式通证系统建设

同样，我们可以运用通证经济画布对资产模式通证系统进行建设。

经济模型，接近传统商品的供给理论和市场博弈理论，也可以对资产 Token 货币化后形成衍生品，如期货、期权、指数，在数字资产交易所形成资产的流通和交易。

资产价值，来自对应资产价值预估，如实物资产的数字化和隔离增信，加密数字资产内在的实际价值。

重要合作，领域内相关企业。

价值定位，让每个人都能够参与到资产或者共享资源中。

用户细分，围绕传统产业的传统业务、传统资产，尤其是缺乏流通性的资产，如不动产、原料成品、资源类资产，或滞动的资金资产，比如票据。

关系设计，满足目标用户资产流通、交易、融资等需求，一般采用 PoS 共识机制。

上链设计，以联盟链分布式账本将数字化的资产上链确权，并进行结构化设计。

结构治理，设计好激励价值来激励产业节点的参与和贡献，也要进行合理规范，比如锁定、隔离等资产 Token 的规范或者流动性合约，选择合作伙伴时，要选择了解或熟悉传统产业资产市场或产业交易市场的合作伙伴，以及产业链上的节点企业或投资者。

系统运营，运营关键在于产业，也就是 Token 所在的产业社群、上下游，并培育产业投资人，加深对产业共识的理解和认同，使他们共同参与进来，让资产 Token 更有价值。

03
数据模式：个人数据价值挖掘

> 信息的贡献者是有价值的。信息就代表其背后的人。人们为信息网络贡献了数据，形成了可以传播和存储的价值。因此，作为价值的贡献者，人们应该获得对应的收益。
>
> ——《互联网冲击——互联网思维与我们的未来》

我们每个人的各个方面都正迅速地被数字化，比如财务、社交、消费、地理位置等，形成了我们的“数据资产”。

然而，我们对自己的数据并没有控制和转移的权利，这些数据不过是被大多数数字平台（比如搜索引擎、电商和社交网络）利用，建立我们每个人的电子档案，通过广告等途径将我们的价值变现获利，而我们作为价值的提供者，却被限制了获取、运用个人数据和获利的权利。

那么，能不能建立一个全新的利益分配网络？可以，数据模式通证！

通过区块链点对点的、去中心化的、安全的共享架构，让价值的贡献者愿意把原先不愿意共享的数据和资源拿出来，其所能打开的数据和资源将比互联网更广泛。

其实不管是对个人还是企业，在互联网和区块链上，我们每个人的数据都是海量的，必须通过新的价值系统，将个人数据的主权和控制权赋予消费者，多方共同进行价值发现，共同获取收益，数据的价值才有可能被提炼、运用和管理，才能流动起来。

通证经济中的数据价值真相

数据对个人来说是有价值的信息，对企业来说是一项有价值的资源和资产，已经形成了目前生态各异的互联网商业模式，比如 Facebook 的互联网广告模式、阿里巴巴的电商模式。

但是作为新型的数据经济生态模式，Facebook 或阿里巴巴是否已经代表了经济生态模式的最高演化形式呢？答案是否定的。

让我们来看一下近几年 Facebook 的收入、成本、利润变化率，如表 6-2 所示。

表6-2　2014—2017 年 Facebook 的收入、成本、利润变化率[①]

年度	运营收入（美元）	收入增长率（%）	运营成本（美元）	成本增长率（%）	运营利润（美元）	利润增长率（%）
2017 年	39942	49	2429	68	34488	49
2016 年	26885	57	1447	57	23096	63
2015 年	17079	49	922	1	14212	52
2014 年	11492	65	910	5	9339	83

从数据可以看出，其成本增长率不断增长时，其收入增长率反而不断降低，由此导致收入的边际效应不断缩减。而 2018 年对 Facebook 来说，也是充满艰难险阻的一年，Facebook 被假新闻、干涉选举、侵犯隐私，以及对智能手机成瘾的广泛抵制等事件纠缠着，每条消息都能轻而易举地让公司市值蒸发少则数亿、多则数百亿美元。此外，Facebook 还发布预警称，公司营收增速将继续放缓，利润率也可能受到日益增长的用户隐私成本的影响。

① 资料来源:《IDO（数据通证化）对大数据应用生态体系的逻辑革命》，https://www.qubi8.com/archives/83450.html（访问于 2019 年 2 月）。

互联网时代数据很重要，但不是有数据便是万能的，很多企业几乎都面临着以下的数据问题。

数据来源庞杂，且有重复、无效、虚假等情况。

隐私数据泛滥，个人数据泄露。

数据质量高低不平，有效性不高。

数据治理混乱，权限和安全正在受到极大挑战。

数据不能很好地转化为价值。

针对当今的数据问题，麻省理工学院的彭兰特教授提出 openPDS 理论——一个个人私密数据存储服务。而区块链技术则能更好地落实这个理论。

区块链本身就是一种特定的数据库技术，通过网络所有节点共同参与计算，互相验证其信息的真伪达成网络共识，让数据的质量获得了前所未有的强信任背书；基于区块链的数据脱敏技术[1]，且能在不访问原始数据情况下进行数据分析，既能保证数据私密性，为隐私保护下的数据开放提供解决方案，又可以安全地提供给数据使用者使用；同时其 Token 还可以实现数据的货币化，对于个人或机构有价值的数据资产，可以利用 Token 对其进行注册，交易记录是全网认可的、透明的、可追溯的，明确了

① 数据脱敏技术：指对某些敏感信息通过脱敏规则进行数据的变形，实现敏感隐私数据的可靠保护。区块链数据脱敏技术主要是采用了哈希处理等加密算法。

大数据资产来源、所有权、使用权和流通路径，对数据资产交易具有很大价值。

数据模式通证的核心就是“数据即资产”，获得数据的过程就是传统企业数字化的过程，并让个人数据贡献者拥有权益解决、实现个人和企业数据的数字资产化。这可以改变当前某些互联网巨头或数据经济公司采集个人数据进行售卖，个人却不知情的“数据垄断”，将建立起高质量的个人数据和更为开放的数据市场，数据使用者可以以更低的成本“共享”有效数据。

一般来说数据模式通证具有以下四个特性：

需求性，保证个人数据权益，实现数据货币化；

实用性，适用于有大量个人数据的企业及个人；

必要性，数据隐私问题突出，数据“被迫”买卖，需要通过区块链技术实现个人数据资产化和形成数据资产交易，让个人共享数据收益；

相关性，为了促进数据资产流通和增值，可能与货币模式通证、积分模式通证组合使用。

那么，如何进行数据式通证系统建设呢？

数据模式通证系统建设

运用通证经济画布对资产模式通证系统进行如下建设。

经济模型，以个人数据总量来计算，围绕个人数据价格进行参考定价，通过量化的人头价值来对应数据总量的价值，通过提高数据交易的频率和深度来提升数据资产Token的流动性。

资产价值，来源于个人数据价值，实现个人、企业数据资产化。

重要合作，大数据技术和平台。

价值定位，个人数据保护与货币化。

用户细分，目标用户是流量主，生产、采集数据的企业和商家，数据需求企业和代理人，以及数据提供者——个人。

关系设计，与个人分享数据流动性收益。

上链设计，基于个人数据模型对数据建立共识，为企业和个人建立数据之间的信任，在这个共识基础上，对数据进行货币化，其中有两个关键步骤：第一，数据标签确权，确认数据维度（或属性标签）的权利或权益属于谁；第二，数据价格发现，基于数据共识的标准协议建立价格发现引擎，先确定一个动态定价，最终在数据资产交易市场中实现价格发现。

结构治理，需要进行数据质量的双向评价，通过评价来实现激励机制，其中数据钱包会是一个关键的DApp，能承担数据采集、查询、交易和收益的功能，也是个人参与通证系统的关键入口，还是数据提供者和使用者的交易平台，通过智能合约对数据资产进行锁定和交易。

系统运营，混合了企业和个人，但是一般数据提供者和需求者会是企业，个人只是其中的一部分，因此要进行企业社区运营，建立专业社区，或者鼓励个人、小商户通过 DApp 参与到数据资产交易市场中来。

以 Project PAI 为例。Project PAI 是针对人工智能和区块链上大量个人数据，用区块链对人工智能进行认证、管理、数据学习和应用开发，用个人在互联网和区块链上的数据生成自己的人工智能（PAI）的通证项目。

每个 PAI 都是由原始主人生成、控制和管理，每个人在使用自己的 PAI 的同时，也为整个系统贡献了数据和资源，并因此获利。PAI 区块链协议有三个模块：认证、智能网络、数据存储。该协议的目标是为用户提供各种个性化人工智能服务，包含社交、个人助理、娱乐和医疗保健等。PAI 区块链也将为其他的人工智能技术提供数据和应用开发平台，促进区块链与人工智能融合。[①]

---

① 参见《Project PAI 中文版白皮书》，https://www.chainnode.com/doc/1542（访问于 2019 年 2 月）。

Project PAI 的通证系统画布分析如图 6-2 所示。

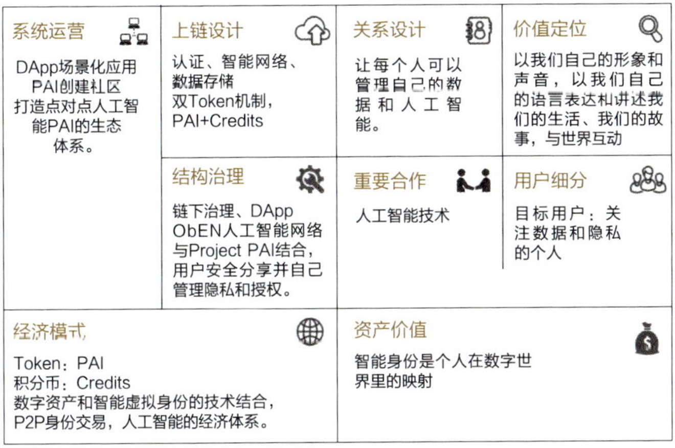

图6-2 Project PAI的通证系统画布分析

需要注意的是，数据模式通证系统中，数据资产交易的交付不是通过买卖和转移数据来实现的，而是由企业选择合适的数据，实现价格发现后，平台方提供脱敏数据服务的 API ①，再由区块链平台来提供广告服务或帮助其完成促销活动，从而实现数据价值转移。而数据的增值来自数据的清理、合并、补充、完善等数据质量管理操作，数字变现的方法则是打包为数据产品进行交易或基于需求者搜索进行交易。

① API：Application Programming Interface 应用程序编程接口。

04

溯源模式：品质控制上链

或因枝以振叶，或沿波而讨源。

——《文赋》

2017年3月7日，丹麦航运巨头马士基（Maersk）成功完成了第一个区块链测试，成为区块链在商品溯源方面的早期应用，引起了全球各界人士的关注。

在区块链所有场景应用中，溯源应该是最容易的，目前也是被运用较多的领域。

传统的溯源技术大致有三种：RFID无线射频技术，产品的流向记录在芯片上；二维码；条码加上产品批次信息（如生产日期、生产时间、批号等）。

相较于传统的溯源，区块链的分布式记账、密码学以及智能合约这些技术具有去中心化、公开透明、不可篡改及可追溯等特点，恰恰契合了传统商品溯源防伪的需求，加之近年来食品安全问题频出，传统的检验很难满足市场规范和消费需求，区块链溯源已经成为溯源产业发展的方向。

虽然区块链技术在商品溯源领域受到青睐，但是我们必须明白通证经济与单纯的区块链技术上链“证真”是有区别的，它是试图用一种新的溯源形式，即“产业链分布式加密账本 + 产业 Token 货币化 + 证伪 + 激励机制”的经济生态来解决产业问题，是对区块链溯源的升级迭代。

区块链溯源离不开 Token

溯源模式通证主要适用于农产品、食品、牛羊养殖、水产海鲜、土特产品等的品质控制和溯源，也适用于需要控制原材料品质的行业，而 Token 本身就是产品、原料、商品类资产，溯源的主要目的是使这样的资产能够加密上链并可追溯。

以农产品溯源为例。农产品溯源来自安全问题，因为我们已经对农产品产地、农药残留、安全、品质等问题失去了信任，溯源则是为了重新建立信任，所以，溯源本质上是信任问题，打造一个区块链溯源系统是为了建设一套数字可信体系。

很多人不明白这个道理，建立区块链项目不过是为溯源而溯源，其最大的依仗便是数据上链。但是我们必须关注现实，国内农牧业发展大多还是粗放型，很难实现数据自动化采集，这就导致了一个问题：区块链溯源可能要依赖人或部分需要人参与。而一旦有人参与便会产生各种各样的问题，例如，各节点或农民为什么要配合你来上链？溯源数据会不会因为利益冲突而出现伪造？商品包装上的RFID设备可不可以被替代？也就是说，这种区块链溯源存在两个问题：数据上链因为人的因素无法保证真实性，溯源二维码可以被攻击，比如套牌、篡改地址等。

所以我们研究溯源时，需要以信任和共识为切入点，形成一种对共识的敬畏，并用代码来实现，而不仅仅在于所谓的数据真实。也就是说，溯源仅仅是手段，关键在于产品品质控制，最终建立信任。

此时还有一个问题：区块链上数字可信，是来源于一对一的实物映射，还是来源于代码？

其实仅仅与实物映射和追溯并不能解决信任问题，因为相对于这些产品是不是一一对应的“真”，人们更关心的是这些产品的品质好坏和是否可信。那么如何体现产品的品质和可信？除了“真”，更在于产品的数字可信标识和系统是否与人的信用相绑定，好比银行征信系统，会根据你的信用值来判断你这个人可不可信，并调整你的信用卡额度。因此需要在区块链系统中对信用进行管理。

因此，在你的区块链追溯系统中除了映射实物，也要将产品的数字可信标识和体系与人的信用绑定，与额度和投资绑定，与反馈激励绑定，才有可能实现真正的品控，形成共识敬畏。而这就是溯源模式通证系统。

建立新的产业链协同关系，让参与或认同产业共识的企业，基于区块链节点形成一种虚拟协同组织。

形成产品资产，上链数据除了存储和追溯，更要进一步形成产品资产，打造产业共识的价值指数（如产品溢价、分红收益），进行货币化创新，从而将上链后的溯源通证化在产业链上流通、交易，并激励产业节点和虚拟协同组织进行社区自治和监督记账。

消费者闭环溯源链条，消费者可以通过扫码进行追溯验证并做出评价反馈，或推荐、分享，或投诉、举报等，从而获得 Token 奖励。当消费者反映存在问题时，可以启动证伪程序，请产地政府或第三方机构进行证伪，并在通证系统中进行惩罚。

需要注意的是，溯源模式通证是从源头物联网开始，通过各种物联网技术，如 RFID、AI 视觉识别、DNA 基因检测等，实现实物产品的数字化，但还不能百分之百保证上链前数据的真实性，需要结合其他技术互补实施，如结合大脑（芯片）的 AI 人工智能来实现到共识的运算和数据的自动筛选和判定。

概括来说，溯源模式通证具备以下特性：

需求性，实现消费升级对品质和安全的高要求；

实用性，适用于农产品、防伪需求的消费品企业以及贵金属行业；

必要性，溯源模式通证是行业发展的基础性需求；

相关性，溯源模式通证是基础，可以与资产式通证结合使用；

不足性，目前的数据采集存在局限，不能百分之百确保上链数据真实。

那么，如何进行溯源模式通证系统建设呢？

溯源模式通证系统建设

运用通证经济画布对溯源模式通证系统进行如下建设。

经济模型，建立一个积极主动上链加密确信和追溯的共识生态，在产业节点达成共识，建立链上、链下激励及惩罚机制。

资产价值，围绕产品溯源周期，可以打造一个“时间期价值协议”，产生与时间延时和周期相结合的时间期价值，如产品生命周期价值、食品新鲜价值。

重要合作，防伪技术、上下游企业或行业联盟。

价值定位，实现品质控制和食品安全。

用户细分，对消费升级中对品质和安全要求比较高的消费者进行细分。

关系设计，通过溯源实现消费升级对品质和安全的高需求，建立产品品质和时间期价值共识。

上链设计，从品种和资源开始，到生产制造，再到加工销售流通，最终到零售终端面向消费者，上链确权，并通过智能合约、防伪技术等打造 Token 价值。

结构治理，产业链前端能够形成社区自治模式进行自我监督和自我审计，产业链末端能够形成消费者社区对溯源产品进行评价反馈、推荐、分享等，建立激励机制。

系统运营，产业社区自治运营和消费者社区激励运营。

以 Wine Chain 为例。Wine Chain 底层基于量子链 QTUM 平台，能追踪辨别红酒的生产地点、生产时间、从运输到销售终端的整个过程，消费者能在手机上查看每一瓶酒的信息。

Wine Chain 的产品溯源充分利用了区块链技术、NFC 技术以及 RFID 芯片技术。通过 NFC 技术，在每瓶红酒酒塞内嵌入 NFC 电子卷标。每瓶红酒都有一个“身份证”，上面有产品生产原料名称、原料批次、成品批次、所用包装箱（ID 号）、每个箱内对应的酒（瓶）ID 号等信息，且人人都能查看。[①] 其通证系统画布分析如图 6-3 所示。

图6-3 Wine Chain 通证系统画布分析

① 参见《Wine Chain 白皮书（中文版）》，https://www.useit.com.cn/thread-18170-1-1.html（访问于 2019 年 2 月）。

05

共享模式：共享经济新突破

货恶其弃于地也，不必藏于己；力恶其不出于身也，不必为己。

——《礼记·礼运》

人们普遍认为，共享经济是指拥有闲置资源的机构或个人有偿让渡资源使用权给他人，让渡者获取回报，分享者利用分享他人的闲置资源创造价值。

自2014年起，共享经济在全球范围内生根发芽，在2017年达到一个发展高峰期，然而在2018年，共享单车、共享充电宝、共享汽车纷纷折戟，为此很多人质疑共享经济。

但是，共享经济是时代的产物，产品过剩、互联网技术发展、环保意识提高、人们价值观转移等因素综合催生了共享经济，只是每个经济体系在开始之初，一定会遇到传统的挑战，自身发展也会逐渐出现假象、风险和漏洞。共享经济如此，通证经济也是一样。

因此，我们不能否认共享经济的重要性，而是要从共享经济的本质入手找寻新的发展突破点。

通证经济本身就有共享的特点，与共享经济结合，形成独特的共享模式通证，可以很好地引领共治，实现人人参与、共建规则、人人遵守、人人共享的协作方式。

只有区块链和 Token 才能实现真正的“共享”

很多人认为滴滴出行是共享经济的代表。

确实，滴滴出行在一定程度上使我们出行更方便，但是近几年也遇到了很多问题：对乘客来说，打车越来越难，服务质量越来越差，特别是女性乘客安全问题频发；对司机来说，滴滴出行比传统公司“剥削”还要严重，只是因为其垄断地位，所以司机不得不给滴滴出行工作；此外，在监管上，部分城市的交通部门视滴滴出行为一个异类，因为它影响了城市治安。

其实，滴滴出行是“分享”并非“共享”，它只是将哪里有车与哪里需要车在平台上做了一个信息分享，并没有实现共享任何东西，本质上并没有共享价值。同样，共享单车也不是真正意义上的共享经济，它不过是让大家可以共同使用一辆单车，不用自己花钱买，也没有共享价值。

真正的共享经济有三个基础：

产能过剩；

共享平台；

人人参与。

产能过剩，也就是说产能本身是过剩的、闲置的，共享经济是将这些过剩的产能重新利用、消化产生经济效益，而因其“过剩”，所以成本更低。举个简单的例子，你有闲置的工具，你在共享平台上共享，平台的其他用户则可以通过租用的方式来获得工具的使用权，这远比他们花钱买一个工具的成本低。共享平台提供的也是一个“三赢”方案”：

共享资源提供者有收益；

有需求的个人能以更低廉的价格获得使用权；

平台自身随着这种共享数量的增多，规模越来越大，口碑越来越好。

不管是闲置资源提供者，还是需求用户，还是平台自身，都是低成本地各取所需。反观共享单车，首先它不是过剩产能，这些单车都是经过精心设计、生产，是一种新创造出来的产能，其成本是很高昂的。

共享平台是技术对效率、规模的支持，为的是让共享更加容易，其关键除了过硬的技术，还在于有一套标准，得以让平台用户人人参与，人人遵守，人人受益。

人人参与最本质的作用是促进共享平台“进化”，打造一个公开、透明的平台环境，让人人都变成更加可信的合作者。

而共享平台人人参与的实现，需要匹配相应的分配机制，而这恰恰是很多平台缺失的。

目前大多数的互联网创业模式很简单：讲故事，融资，买用户，培养用户黏性，待垄断之后收割用户，将钱还给投资人。这种模式并不公平，用户与平台一同成长，创造了价值，最终的结果却是被“收割”。这个逻辑的背后是分配机制和治理机制出现了问题。

在工业经济时代，生产与消费者分离，资本充当主要角色，这种逻辑没问题，但是当今数字时代，崇尚的是梅特卡夫定律[①]，平台网络的价值与用户数的平方呈正比，用户越多，平台价值越大。在这种情况下，用户已经开始取代资本，成为价值的核心来源，但是用户却没有机会去

① 梅特卡夫定律：Metcalfe's law，是一个关于网络的价值和网络技术的发展的定律，由乔治·吉尔德于1993年提出，但以计算机网络先驱、3Com公司的创始人罗伯特·梅特卡夫的姓氏命名，以表彰他在以太网上的贡献。其内容是一个网络的价值等于该网络内的节点数的平方，而且该网络的价值与联网的用户数的平方呈正比。

分享价值。这是不公平的，也不符合当今创新、绿色、共享的发展新理念。

而区块链本身是一场技术革命，也是一场组织革命，它实现的是真正的平台共治、共建和共享，其 Token 既可以是消费权益，也可以是分配权、投票权，所有的交易、流通以 Token 为核心和纽带，它背后反映的并不仅仅是技术创新和资产形态的变化，带来的也是整个组织形态和分配机制的变化，能够很好地解决当今共享经济发展的痛点。

那么，基于共享经济，共享模式通证有哪些特性呢？

需求性，提高闲置资源的利用率；

实用性，适用于住房、汽车、劳动力、普适性工具等租赁领域；

必要性，实现闲置资源的二次价值发现，节约社会资源；

相关性，可以与货币模式通证、服务模式通证结合使用。

共享模式通证系统建设

运用通证经济画布对共享模式通证系统进行如下建设。

经济模型，建立透明、公平的共享平台，通过分配制度、激励制度，让大家有动力去共享闲置资源。

资产价值，实现闲置资源“二次价值”创造。

重要合作，通过开发服务性软件，与第三方监管机构合作。

价值定位，通过 Token 进行共享并产出更大价值，通过分布式带来更好的稳定性和安全性。

用户细分，目标用户是有共享精神和参与精神的人。

关系设计，对闲置资源的共享收益和受益，一般采用 PoS 共识机制。

上链设计，建立资源提供者数字画像，智能合约实现信息和服务行为可塑及不可篡改，设计惩罚机制。

结构治理，需要关注主网协议的稳定性和公平性。

系统运营，由于大量个人节点参与，社群运营非常关键。

以长租项目 Lucia 为例。Lucia 是阿里巴巴、蚂蚁金服承建“数字雄安”区块链基础设施平台后的首个试水场景，通过建立一套基于区块链技术、以信用为基础的租房行为规范机制，提高作恶成本，把烦琐的租房工作通过社区共享的方式完成，不增加业主和租客双方的时间成本和资金成本；随着房源增多、社区用户增多，使房屋租赁的效率和成本大幅降低。

在业主发布房源信息、租客租房之前，Lucia 会通过公信宝的数据信任网络对双方进行身份验证，基于公信宝所链接的公安、电商、运营商等多方数据为业主和租客构建数字身份画像，每一位进入 Lucia 社区的用户将在 Lucia 网络上拥有自己的信用评分、标签、社区行为记录。

Lucia 平台注册用户的信用查证需要支付给公信宝

GXS（用户在公信宝数据交易所买卖数据的结算记账数字货币，和人民币 1∶1 锚定，具有流通价值，在公信链上开发应用、认证应用、链上转账等服务需要支付或燃烧 GXS，在选举产生见证人时可作为选票使用 GXS。信用差的业主或租客，不允许在 Lucia 平台出租房屋或租房。

一方面，Lucia 基于 Saas 系统建立起房屋管理系统，对接智能门锁，通过租房平台上预约看房、签约合同、退租、转租等场景需要，自动生成钥匙管理，节省双方时间和管理成本；另一方面，Lucia 提供房屋分销系统，帮助房东把房源一键分销到其他租房平台，让房源能够迅速出租，降低空置率，房东无须管理多个平台，降低运营成本、提高运营效率。[①]

其通证系统画布分析如图 6-4 所示。

<table>
<tr><td rowspan="2">系统运营
租房自治社区
“部落客DApp”
“义工”服务
C2C的租户社区
社区领袖——城市负责人</td><td>上链设计
公信宝数据建立用户真实画像
区块链智能合约，行为可溯、不可篡改
DPOS</td><td>关系设计
租房及相关金融服务，如信用评级、押金减免、房租分期等</td><td>价值定位
诚信租住社区，打造全球通用的租住行为习惯和准则</td></tr>
<tr><td>结构治理
纠纷由社区内仲裁委员会解决和仲裁</td><td>重要合作
公信宝
SAAS系统</td><td>用户细分
目标用户：房东、租客</td></tr>
<tr><td colspan="2">经济模式
Token:公信宝GXS，与人民币1:1锚定
基于公信宝，打造诚信长租社区</td><td colspan="2">资产价值
通过共识机制将用户租房数据放在不可篡改的区块链上，以保障租住行为可溯源，从而杜绝“假房源”</td></tr>
</table>

图6-4 Lucia 通证系统画布分析

① 参见《全面解读 Lucia：一个值得关注的租房应用早期项目》，http://www.Lianchaguan.com/archives/2606（访问于 2019 年 2 月）

06

内容模式：重构创作与消费关系

> 已经创造出来的东西比起有待创造的东西来说，是微不足道的。
>
> ——《莎士比亚论》

从2016年知识付费的爆发，到2017年知识付费的高潮；从得到、分答，到开氪、吴晓波频道、喜马拉雅FM……越来越多的人涌入内容创业领域，做起了内容付费的生意，在市场上掀起了一股新的“内容创业风口”，而相较于其他的创业方式，它所需要投入的成本更小。

然而到了2018年，行业突然就进入了知识付费新拐点：行业大洗牌，整个行业的红利正在消失，很多创业者开始离场。那么，知识付费是不是玩完了？

知识付费是非功利性质的，出于人类成长需求，也有着悠久的“历史习惯”，圣贤孔子收学生也要收取腊肉作为学费，现代人进修、深造也需要付学费。知识作为“干货型”内容，是在社会中的基本生存技能。只是和很多创业领域一样，内容创业不过是在经历萌芽、发展、爆发与洗牌后，等待一个变革转型再发展的过程。

在这样的过程中，需要对内容创作的商业逻辑重新认知，对分享平台的建设进行一次新视角下的重构。

基于区块链去中心化、自由透明的本质，内容模式通证经济可营造优质内容创作分享社区，帮助用户实现流量变现，见证人类精神财富的数字化升值，内容创业也从1.0时代进入2.0时代。

内容创业2.0时代来临

20世纪90年代，传统新闻地位摇摇欲坠，互联网像一条数字高速公路，人们沉浸在即时出版的满足感之中，几乎人人都变成了作家和出版商。随后，移动互联网来临，完全释放了这种“创作激情”，我们进入内容创业1.0时代：

中心化平台进行内容创作；

自媒体环境中，细分领域抢占地盘；

利用线上、线下活动的“笨”方式完成与粉丝之间的连接；

融资，投资自媒体。

同时，内容创业所面临的问题有：

抄袭严重，内容同质化；

内容产品定价混乱；

用户越来越麻木、冷漠；

创作者处于弱势；

不尊重版权；

自媒体红利正在逐渐消失。

在这样的 1.0 时代，一方面内容消费逐渐成为主流，用户付费意识增强，内容领域也迎来了收入的“井喷期”；另一方面却没有将粉丝转化为真正的关系，因为所有的关系仍然是建立在中心化平台上，如微信、微博，平台的高成本和低收益，严重抑制了创作者的产出激情，平台之间用户收割的激烈竞争，也无法将优势集中在提高用户体验上，用户正在逐渐失去阅读“耐心”。

到了 2017 年，不少内容创业者推出了收费音频、视频，让内容产品成为有定价、有服务的清晰产品，并开发 App、新通信工具等打造自身平台，内容创业开始进入 2.0 时代。如吴晓波频道，通过新工具“小鹅通”向全国媒体开放，无论是微信、微博、今日头条、一点资讯还是支付宝圈子，都成为一种获取用户的渠道，所有的用户关系最终都会沉淀在吴晓波频道自身的平台上。

概括起来，2.0 时代有以下特点：

新技术赋予了内容创业者可打破中心化平台束缚，组建自身平台的可能性；

红利的消失让竞争更加激烈，专业知识的产品化能力尤为重要；

版权意识增强，需要可靠的技术来保障版权权益；

用户越来越麻木、挑剔，内容需要嵌入用户环境，社群化、圈子化的用户关系变得非常真实。

另外，为了促进内容分配的公平性，内容创业者尝试了不同的办法：订阅、赞助、嵌入广告、搜索引擎优化、付费……但对于大多数创意内容（书籍、电影、音乐、图片等）的创作者而言，支付过程的安全性、可靠性仍未能得到很好的解决。

在这样的趋势面前，内容创业的关键点便是：用大数据的方式完成用户的挖掘和关注，用新的技术去真正重构内容生产者与消费者之间的关系。而内容模式通证正是这场内容创业革命的变数之一。

内容模式通证是以 Token 形式将内容创作、知识版权等进行数字化、产品化，实现内容保真、版权追溯，进而形成系统中可流通的数字资产，可以颠覆现有模式，同时会为内容创业创造新的商业模式。

内容产业化革命，区块链能够精准溯源，详细记录整个内容的生产和流转过程，版权跟踪变得更加准确，也更加容易，在保证内容生产者的利益同时，其透明、公正的交易环境，也可以让优质内容更加产品化。

用户关系重构，通过 Token 的流通、激励，用户不单是单纯的内容产品购买者，也可以通过分享、推荐、评价等行为成为受益者，随着内容产品的传播、推广，他们与创作者均能获得更多的收益，真正将两者利益关系进行绑定，建立牢不可破的黏性关系。

生态圈建设，连接广告主、第三方广告联盟及广大流量主，基于区块链技术建设广告生态平台，并鼓励用户个性化创作过程，最大化转化个人流量，为平台提供源源不断的流量，让所有流量都能转化成对应的价值和收益，达到双赢。

内容模式通证将建立起一个连接内容创作者和消费者的更为自由、开放、尊重的创作共享平台，使建立信任成本近乎为零，让内容价值变得稳定，从而解放个体在追逐精神财富的保值、增值上投入的精力和激情。

内容模式通证具备以下四个特性：

需求性，保证创作者权益，建立新的用户关系；

实用性，适用于文创产业，自媒体平台，内容分发、展示、交流平台或机构；

必要性，促进内容产品化、资产化；

相关性，可以与货币模式通证、服务模式通证结合使用。

那么，如何建立内容模式通证系统呢？

内容模式通证系统建设

运用通证经济画布对内容模式通证系统设计如下。

经济模型，去中心化地将内容数字化、资产化，打造价值共识，连接创作者和消费者，建立以创作者为主的可流通、交易的金融式模型。

资产价值，包括内容自身市场价值、创作者声誉价值、创意价值、设计价值及文化影响价值等，其内容的创作和创意是内容价值及 Token 价值的升值关键。

重要合作，区块链技术公司、大数据、AI 技术。

价值定位，实现内容创作和内容消费收益。

用户细分，目标用户有内容创作者、内容消费者及广告主。

关系设计，包括内容原创保护、内容创作收益、评论分享收益、内容保值增值等，一般采用 PoS 共识机制。

上链设计，通过内容指纹识别、视觉识别、纳米防伪等技术数字化的同时，为创作者确权，以 Token 为激励，给内容消费者赋权，并以这种透明的分布式评价、分享来为内容及创作者背书，设计内容资产衍生品。

结构治理，以智能合约系统为行为准则，一般采用链下治理。

系统运营，扎根内容产业，结合社群，互联网传播。

以币乎为例。币乎是以个人为主体的区块链信息分享集散平台，并通过 Token 激励实现创作者、阅读者、管理组、平台等全体参与者多方共赢。其 Token 是 KEY，代表币乎及其周边生态的使用权，被用来激励以下行为：发布优秀内容，发现优秀内容，管理和培养优秀主题板块。其中优秀主题板块是管理组织经营管理的一家“店铺”，板块人气越旺，则板块顶部广告价值越高，管理组织所能获得的收益也就越多。而广告的推广以 KEY 的方式支付。

在币乎运作的第一阶段，KEY 持有者以托管方式把 KEY 存放在币乎平台上；第二阶段，KEY 将存储在用户自己掌握私钥的币乎 ID 中，币乎服务器后台反向观测区块链，获取各个账户 KEY 数量信息。[①]

其通证系统画布分析如图 6-5 所示。

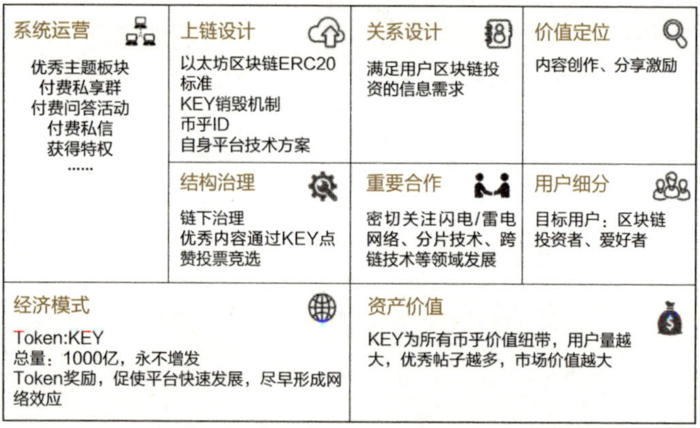

图6-5 币乎通证系统画布分析

① 参见《币乎（币圈社区）白皮书 V0.2》，https://wenku.baidu.com/view/84dc3acf0129bd64783e0912a2161479171l7e2a.html（访问于 2019 年 2 月）。

这里强调一点：虽然目前内容的持有者大多为平台，比如媒体平台、内容平台或收藏者博物馆、拍卖机构等，但所有的基础都应该是创作者，由创作者拥有创始权利和权益，Token的价值首先是创作者赋予的，在数字化防伪过程中，也需要植入创作者要素和信誉。因此，内容式通证系统的运营推广，对优秀创作者的收拢、培育是非常重要的，他们会成为系统的KOL，让系统更具影响力和号召力。

07 服务模式：服务智能化撮合

你当机警如蛇，纯良似鸽。

——《圣经·马太福音》

在 2018 全球区块链精英峰会会场外，一位大爷手持一个宣传牌，牌子上写有“全球首个保洁链——Clean Chain，去中介化的保洁服务与管理”等字样，并为到场众多嘉宾详细介绍该项目，一时间，“区块链大爷”惊艳全场。

也许很多人会将其当成一场“闹剧”来看待，然而我们不能忽视其背后的两大真相：

区块链技术无论是技术本身还是行业环境，面对的不只是大佬和资本，已经开始平民化、大众化。

区块链技术其去中介化、数字化交易场景在服务行业中大有可为。

简单来说，区块链产业发展是大势所趋，未来将加快拓展应用场景，帮助区块链更好落地，从而发挥出区块链应有的信任价值，在这点上人们日常有广泛需求的服务行业有望成为应用扩展的突破口。

而服务模式通证则是最为“平民化”的一个应用，它可以被应用在外卖、家政、护理、售后、保险、电子商务等生活性服务行业，其以数字可信的方式解决陌生人信任问题，并以分布式服务合约，将服务提供者与需求者智能撮合，实现一个自带监督、激励机制的服务新生态。

不管是为他人服务，还是享受他人的服务，我们都希望生活更美好，面对当前良莠不齐的服务市场，我们迫切需要一个去中心化、去信任化的服务新模式，解决透明化资质、佣金、供需关系等行业痛点，从而让系统中每一个人以自我警觉和善良的态度，共同为美好生活服务。

通证经济对传统服务业的改造魅力

服务行业与其他行业不同，有着以下的特点：

服务人员分布式存在且流动性强，一个机构同时拥有多名同类型服务人员，一个服务人员也可能同时挂名好几个中介机构；

服务需求分布式存在；

需要具备一定的专业技术，注重业务培训；

严重依赖中介机构或服务平台；

计量收费，比如按服务次数收费；

一般采用即时结算，服务结束当场结算。

也正是因其这些特点，行业中普遍存在这样的一些问题：

普遍缺乏信任；

供需双方信息严重不对称；

服务能力和服务质量参差不齐；

服务水平粗放，没有级别、类别之分；

服务中介不透明；

付款不及时，中介机构、平台克扣情况严重；

没有有效的监督管理办法。

这些问题严重影响服务行业的发展。当然，像其他行业一样，服务行业也正在努力寻求发展突破。

2000 年信息平台型网站兴起，如 58 同城、赶集网，为消费者提供服务信息，但是专业性不足，信息鱼龙混杂，无法满足垂直领域需求。于是，垂直类网站兴起，如猪八戒网，解决了服务信息专业性问题。同时，降低服务成本、去中介化正在逐渐成为服务者和需求者的共识，但是纵观当前的去中介模式，要么是中心平台对供需信息的一种整合、对接，本质上依然是一种“中介”，需要收取一定的平台费用；要么就是服务者通过个人社交软件、自媒体平台自主与消费者连接，依然存在信任问题。

在此情况下，通证经济无疑是生活性服务行业的一道变革曙光。

区块链分布式特点能够真正实现去中心化运营，且这种分布式特点与服务者和需求者分布式存在相契合，他们中的每一个人都可以成为区块链上的独立节点。

以区块链上的数字可信，解决陌生的服务者和需求者之间的信任问题。

智能合约对供需智能撮合，高效率匹配的同时发起可溯追踪，对服务进行反馈评级，建立有效的奖惩机制，实现对服务全程监督、品控。

Token 为服务双方信任和数字化、差异化提供载体，实现支付结算、点赞、打赏以及激励惩罚，实现服务双方互惠共赢。

概括起来说，服务式通证的核心是一个建立在服务需求及生活方式上的去中介化的服务智能合约，而服务合约的智能撮合首先需要解决陌生人信任问题，Token 则承载服务过程中的数字可信价值，整个系统最终的价值共识会体现在与该服务智能合约对应的生活方式上，以及服务者、需求者和第三方平台（监督、培训、回访机构等）对生活方式的追求，这种共同追求可以数字资产化，持续激励和推动服务智能合约的实现，也在不断强化陌生人之间的信任。

服务式通证具有四个特性：

需求性，保证服务质量，降低服务成本；

实用性，适用于生活性服务行业，尤其是客单价较高，需要诚信验证的服务行业；

必要性，建立陌生人之间的信任，形成有效的激励机制；

相关性，可以与货币模式通证、资产模式通证、积分模式通证结合使用。

那么，如何建立服务模式通证系统呢？

服务模式通证系统建设

运用通证经济画布模式对服务模式通证系统设计如下。

经济模型，服务智能合约和可信价值数字资产化，数字化地进行服务提供和服务需求智能撮合的分布式服务运作，打造一个公开、透明、公正的服务经济生态。

资产价值，共识体现的是对美好生活方式的追求，Token 的价值在于数字信任价值，并形成一种生活方式指数的基础。

重要合作，包括物联网技术、检测设备、培训机构、监督机构等。

价值定位，智能化服务合约、智能撮合、Token 激励让服务质量更有保证，生活更美好。

用户细分，目标用户为服务者、需求者。

关系设计，服务质量有保证，生活更美好，采用一种介于 PoW 和 PoS 之间的共识机制。

上链设计，将服务者和需求者数字化，借助智能设备、物联网技术等，结合需求者生活方式、服务场景，对需求者需求、行为数字化操作，形成共识基础，针对服务者基本属性、服务能力、相关资质、服务经验、可信价值等进行数字化改变，形成服务合约基础，然后在两者基础上，深入进行需求分级分类、服务能力水平等数字化分析，设计好 Token 激励机制。

结构治理，一般采用链下治理，可结合第三方平台建立完善的监督机制。

系统运营，一般从行业服务平台角度看待，追求的是一种“共同”的生活方式，是一种“亚文化圈”，因此围绕社区、社交媒体的 IP 打造是关键。

需要注意的是，有的服务模式通证服务场景只注重智能撮合，无须将 Token 货币化；有的注重服务品质和差异化，可将 Token 货币化，进行衍生品设计，如对职业技能证书、特殊技能等进行确权、流通、收益。

以 ConnectChain 为例。它是基于以太坊打造的全球点对点在线服务平台，是 2018 年依托云家政（一个家庭家政生活服务平台）的落地场景，结合区块链技术建立的一个信息高度准确、供需主体平等、无降价或溢价、保障交易双方财产安全的点对点服务交易平台，为的是解决家政行业内

“客户用人难，家政人员不规范、信息不透明”等痛点。

ConnectChain 通过基金会、场景 DApp 开发管理者、认证机构、用户、服务人员、广告主打造生态体系。以用户为核心，用户产生的行为价值，通过 Token（CCT）作为奖励，平台去中心化，可信任，公平合理，不受剥削。[①]

其通证系统画布分析如图 6-6 所示。

<table>
<tr>
<td rowspan="2">系统运营
点对点精准广告，提供的各类垂直行业的点对点服务交易服务，支持用户基于 DApp 发布各种不同的服务需求</td>
<td>上链设计
以太坊区块链ERC20标准
信息认证
IPFS 对等的分布式协议</td>
<td>关系设计
减少交易佣金，服务供需关系公开、透明
以太坊智能合约</td>
<td>价值定位
最大程度保障需求方的信息获取和服务人员的良性竞争</td>
</tr>
<tr>
<td>结构治理
基金会
投票机制
场景DApp开发管理者
社区对激励体系进行优化迭代</td>
<td>重要合作
云家政
认证机构</td>
<td>用户细分
目标用户：服务提供者和需求者</td>
</tr>
<tr>
<td colspan="2">经济模式
Token:CCT
基于区块链的点对点服务交易平台</td>
<td colspan="2">资产价值
用于新型服务服务生态体系的流通、交易的数字资产</td>
</tr>
</table>

图6-6 ConnectChain通证系统画布分析

服务模式通证与我们的生活息息相关，它提高生活服务运作效率，可以为我们的生活塑造完全不同的新世界，这也会成为我们支持通证经济的动因之一。

① 参见《ConnectChain 基于区块链的点对点服务交易平台》，http://www.qukuaiwang.com.cn/news/7123.html（访问于 2019 年 2 月）。

08

积分模式：构建用户忠诚体系

秘密之路虽早发现，
我们却仍陌生交浅。
时而礁高出现误差，
时而孤岛将其隔断。

——《阿劳加纳》

2018年9月，趣头条成功登陆纳斯达克，成为资讯产品界名副其实的黑马，上千万用户迅速涌进这个App，也造就了趣头条的百亿元估值。而它的成功除了立足三四线城市的“草根市场”，也在于它独特的“积分+收徒”机制。

无论你阅读新闻、评论、分享或做问卷，都能增加积分，并且可以用积分兑换现金。

每个用户都有专属邀请码，当好友拿着邀请码成为新用户后，自动成为“徒弟”，其“师父”则能获得8元现金，“徒弟”还能收徒，如果“徒弟”和“徒孙”每天坚持看新闻，“师父”就能天天获益。

建立起一整套精确的金币奖励体系，将评论、停留时间、分享次数、唤醒次数等转化为用户积分，鼓励用户病毒式推广。

其实趣头条这种独特的积分机制已经有了通证经济的影子：将积分当作资产来运营，并将积分和法币做了对标（1万金币兑换5元），用这种方式为金币注入了信用，然后通过一套行之有效的规则来保障用户积分的获取和兑换。

也许很多人在趣头条“镜子”的另一面看到的是投资人见面谈流量下沉、农村包围城市、收割三四线城市用户这样的“政治方向”，但是真正与我们相关的是其发展逻辑，以及通证经济与积分制之间的天然互通的秘密之路。

积分与Token关系比照

1793年，一个美国商人设计了一个简单的奖励体系，用来培养客户忠诚度，最早的商业积分计划诞生。这一做法从19世纪开始逐渐被其他商人效仿，且积分形式多种多样。如1981年美国航空公司推出的“常旅计划”，旅客可以用飞行旅程兑换机票。此时，积分大多为企业独自发行运营。

随着时间推移，各家企业逐渐意识到同业抱团的重要性，积分联盟开始形成。比如航空业的星空联盟、寰宇一家以及天合联盟等。

随着行业边界逐渐被打破，异业联盟发展，通用积分形式开始出现，比如，银行结盟航空公司购买航空里程、发行联名卡，直接将刷卡积分帮会员转换成航空里程，甚至出现了专业的积分运营公司，比如知名积分集团Aimia。

而在当今互联网时代，成功的商业模式拼的是会员第一，流量为王。做强会员制就是提升会员忠诚度，会员越忠诚，产品黏性就越高，交互频次就能持续增长，随之而来的是企业流量稳定，也就证明产品商业价值度高。而积分制度是会员忠诚度管理的核心，其管理的本质越来越像是企业内部的“货币体系”，依靠企业信用，会员愿意使用积分，当积分购买力不断提高时，他们就会更爱企业；倘若会员持有的积分“通货膨胀”造成购买力下降，那么会员便会舍弃这个积分，转投其他企业的怀抱，这就像几年前国内 CPI[①] 居高的时候，大量内地居民拿着人民币兑成港币去香港抢购日化用品。

从积分的发展历程中，我们可以看到积分的本质及其内涵的变迁。

积分是一种激励手段。

积分是企业的一种负债型资产，需要计提和核销（一般按照营业收入的 1%~2% 计提）。

积分正在转型为一种独立的通用资产。

与发行纸钞票相同，积分背后必须有官方承诺且兑现的购买力，必须有“购买价值”为积分做价值背书，提高积分购买价值就是为提升会员忠诚度。

比如，积分集团 Aimia 直接将航空里程产生（发行）从航空公司剥离出来，由一个新成立的专门的公司负责航空里程的发行和运营，并与航空公司签订这些航空里程可兑换机票的比率，将航空里程和机票（座位）直接画上等号。航空公司还会挑选航线或在淡季做兑换促销，在原兑换航空里程基础上打折供会员兑换，给会员意外的强购买力惊喜。而银行酒店等都愿意购买航空里程来奖励自己的会员，会员愿意将刷卡积分直接转换成航空里程而不是信用卡固有积分。在这个过程中，积分是航空公司的负债型

① CPI：居民消费价格指数（Consumer Price Index），是一个反映居民家庭一般所购买的消费品和服务项目价格水平变动情况的宏观经济指标。

资产，Aimia 则让积分资产化运作，使其成为航空公司、酒店、银行的通用资产，对彼此的会员都产生激励作用。

然而，一方面基于积分的重要性，积分制发展不断变革，另一方面很多企业依然停留在对积分的原始认知中，在积分运营上依然存在以下问题：

商家和消费者对会员和积分缺乏品牌信任和兴趣度；

会员不活跃，积分滞动，兑换率不高；

奖励吸引力低，积分价值感知低；

积分流通（使用、转让、交易）不便捷；

未有通胀通缩考虑，随意增发、滥发；

会员积分项目建设、运营和管理成本高。

那么，我们该如何在这种“新旧”局面中发展突围呢？答案是积分模式通证。

Token 与积分有着天然的共通性：

都是激励手段；

都是以数字形式存在，且具有“数字货币”的兑换、购买功能；

都具有权益属性，都有资产化倾向；

都需要实实在在价值的注入。

但是，Token 又与积分不同，它不仅更具激励效果，还能够很好地解决企业积分运营痛点。

有价值并可升值，Token 本质是一种加密的数字权益证明，在特定的场景下存在天然的价值，且具有升值空间，能够集货币和投资属性于一体。

发行总量可控，Token 数量有限并有明确的发放规则，可很好地避免无效的增发、滥发。

高效流转，节点间可以任意流通、交易，能够很好地解决积分流通问题。

应用场景广泛，Token 集货币属性、权益属性、投资属性、治理属性于一体，可为不同的业务场景提供个性化使用方式，业务可扩展空间极大。

管理成本低，源于智能合约和共识机制的设计，Token 的创建、发行、使用、管理成本远远低于现有的积分系统。

也就是说，采用积分模式通证，以 Token 对积分进行改造，不仅有着天然的便捷性，有效降低运营成本，更是可以对企业打造的会员生态产生更大的激励作用。

另外，随着积分制发展进入异业联盟阶段，联合积分和异业联盟平台正在成为趋势，积分模式通证平台也应运而生，也就是企业和商家的联盟平台，能够更好地为中小企业或商家赋能：金牌商家可以获得记账权和 Token 发行权；平台的交易市场实际上就是兑换市场，积分 Token 可以对企业或商家发行的礼品卡、礼品券、产品等，锚定法币实现兑换。

确实，积分模式通证平台颠覆了多年来通用的积分模式，但是你是以私有者的角度去建立一个中心化的积分平台，还是以合伙人角度建立一个去中心化的开放性平台，将直接决定着平台的成功与否。

总而言之，积分模式通证具有以下四个特性：

需求性，解决传统积分制流动性、价值感知低等痛点；

实用性，适用于消费行业、服务行业及有一定客户量的企业；

必要性，现有积分制度要么闲置，要么是鸡肋，迫切需要变革突破；

相关性，可以与货币模式通证、数据模式通证结合使用。

那么，如何建立积分模式通证系统呢？

积分模式通证系统建设

运用通证经济画布模式对积分模式通证系统的设计如下。

经济模型，围绕供给理论，保证 Token 的“含金量”，打造商业积分通用平台，促进消费新生态建设。

资产价值，体现在消费指数上，消费和推荐越多，指数越高，Token 越有价值。

重要合作，同业或异业联盟。

价值定位，高价值忠诚奖励。

用户细分，寻找目标客户，包括现有客户、潜在客户及休眠或已流失客户。

关系设计，消费即挖矿，但不采用挖矿常见的 PoW 共识机制，一般采用 PoC 共识机制（贡献证明）。

上链设计，结合企业或平台实际需求设计 Token 组合，金牌商家可购买或发行自己的积分 Token，普通商家购买平台 Token，与消费和任务相结合，以智能合约实现智能化管理、运营，消费者通过 DApp（Decentralized Application，分散式的应用程序）扫码消费或提交消费证明挖矿，获得 Token 奖励。

结构治理，一般采用链下治理。

系统运营，围绕会员、积分、促销这三个会员体系的核心要素，以促销“糖果”[①] 开拓客，用会员级别实现差异化服务，用 Token 激励消费、奖励复购和推荐行为，引入品牌和商家进行同业、异业流量共享，刺激积分 Token 流通。

以 BitRewards 为例。BitRewards 是一个区块链忠诚度平台和生态系统，商家只需支付购买 Token BIT 的费用，然后用 BIT 奖励用户。用户可以通过 BIT 支付购买折扣和特别优惠。而 BIT 的价值则由加密数字资产交易所决定，BIT 可兑换成数字币或当地法定货币，所有使用 BitRewards 平台的合作商家都会接受和认可 BIT。

① 糖果：在区块链项目发展之初，为了获得用户、人气等免费发放一些福利（数字币）。

其积分式通证系统设计分析如图 6-7 所示。

<table>
<tr><td rowspan="2">系统运营
BitRewards
DAO
自治社区组织</td><td>上链设计
以太坊区块链ERC20标准
智能合约构建B2B2C忠诚度奖励</td><td>关系设计
消费返利、消费共识，解决会员不活跃、积分兑换率低、奖励激励性不足、运营成本高等痛点</td><td>价值定位
忠诚奖励
消费返利</td></tr>
<tr><td>结构治理
链下治理
社区自治</td><td>重要合作
异业联盟</td><td>用户细分
目标用户：品牌、运营商、消费者</td></tr>
<tr><td colspan="2">经济模式
Token.BIT
总量：20亿
区块链忠诚度奖励平台</td><td colspan="2">资产价值
DIT激励价值
一个促销平台，一套消费奖励机制</td></tr>
</table>

图6-7 BitRewards通证系统画布分析

至此，目前可落地的通证经济领域基本介绍完毕，当然以上的介绍也并非绝对，毕竟通证经济的发展尚处于早期阶段，一切都在摸索和探索当中，未来肯定还有其他的应用及变数，这就要看大家的创造力，很多新用法都可以拿来试一试。

另外，相信大家在各大类型通证中都发现了一个问题，很多通证系统是可以相结合的，因为在一个通证系统中，Token 所能扮演的功能不会局限于一种，功能越多，系统越好。Token 就像是系统中的钉子，你需要不止一颗钉子来把系统模式固定住，并保持它的可靠性和可持续性。

数字黄金启示

不管是投资、溯源、支付还是共享，Token“数字黄金”的作用都在通证系统中得到了淋漓尽致的体现，而通证系统会是一个类似独立品牌的存在，拥有自己本身的价值符号，拥有多阶、多维、多态的连接，还拥有自身社区独特的治理理念、治理结构和运营体系。

那么，通过这一章的阅读，你是否明白了：

你的企业适合哪种通证类型？

这些通证类型的构建要点是什么？

CHAPTER 7 | 第七章

链接未来
——解构人类新秩序

新的生产关系诞生，新的社会价值网络架构，更加数字化的货币系统——通证经济正在人类商业的发展规律、价值本质、价值体现这三大维度，释放变革的能量，打通未来通路，未来已来！

THE TENTH WAVE OF WEALTH

01
生产关系迭代

江海所以能为百谷王者，以其善下之。

——《道德经》

人们常说“财富如水”，这包含两层含义：财富像水一样，依靠流动产生价值；财富像水分子 H_2O 一样需要两个主体要素构成。

曾经，资本和生产资料是构成财富的主体元素，人类的商业活动都是围绕资本和生产资料展开的，资本雇佣劳动力、资本购买设备、资本开设厂房……商业的价值在于对“利”的追逐，核心利益掌握在资本家手中。

现在人才与知本将成为财富新的主体元素，消费升级、双创、网红经济、知识付费……人的作用和人的能力日益得到彰显，人与知识开始主导生产，商业的价值在于人的价值，利益的分配将越来越公平。

在这样的背景下，区块链发展经历了币改—链改—证改，我们迎来了通证经济，它不仅很好地让我们的财富如水般地流动起来，更能变革我们的生产关系，极大地释放人的价值。

通证经济如何改变生产关系

相信很多人都听过这个言论："AI 改变了生产力，区块链改变了生产关系。"但是，很少有人知道区块链是如何改变生产关系的，甚至觉得这一说法模棱两可，而关于生产关系的定义也存在着不同的表述。

马克思在《政治经济学批判》的导言中指出，生产关系包括人们在生产、交换、分配和消费等方面的关系，"它构成一个总体的各个环节，一个统一体内部的差别"。

斯大林在《苏联社会主义经济问题》一书中指出，生产关系包括：①生产资料的所有制形式；②由此产生的各种不同社会集团在生产中的地位及他们的相互关系，或如马克思所说的，"互相交换其活动"；③完全以它们为转移的产品分配形式。

我们可以看到对于生产关系，以上表述内容完全不一致，我们也习惯地将马克思的表述概括为生产关系“四环节”，把斯大林的表述概括为“三分法”。但是都包含了生产力和生产关系最为核心的要素。

生产力三要素：劳动力、劳动工具、劳动对象。

生产关系三要素：生产资料所有制、人们在生产中的地位和交换关系、产品的分配关系（消费关系）。

这样我们对于生产关系的讨论便可以简化在生产资料、生产者和生产成果分配三个维度进行，即原料是谁的，生产过程如何分工，生产成果如何分配。整个人类社会活动的进行无一不是这样的关系组合，比如创业、技术、股权（资源）的归属，彼此的合作分工，利润分配；结婚过日子，家产的归属，家庭的分工，收入的分配等，都在沿袭着这样的“底层规律”。

而通证经济强大之处在于：通过资产的再定义和资产的数字化操作流通，使生产关系变得透明可信，主要体现在以下三点：

1. 变革生产资料所有方式

长期以来不管是生产资料公有制还是私有制，生产资料大多以中心化组织的形式所拥有、垄断，如公司、平台、国家。

但是数字经济的发展，逐渐让人们知道“存储即所有”，也就是说，这个东西是谁的根本不重要，重要的是它被存储在哪里。比如互联网上的数据存储在服务器里，数据是哪家公司的已经不重要，重要的是服务器掌握在谁的手里，谁便说了算。长期以来这样的存储也一直被中心化组织所拥有。

但是区块链不一样，因其分布式账本特性，一旦资源、资产被数字化写入区块，便广泛地分布在社区成员手里，不属于个人或单个组织，为了达成博弈均衡，资产所有权便分散给了每个人，而存储在上面的资产也成了社区成员的个人资产，资产所有权真正回归个人，且由一串数字密码锁定，谁也侵犯不了。

2. 促使生产者人尽其才

专业选择，以市场热门岗位为标准，扼杀个人喜好；进入职场，“论资排辈”，做最累的工作，拿最少的钱……现有的分工机制，导致人不配位，很多人过着低效的日子，在一定程度上扼杀了人性中的善，没能真正激活人的能动性。

而通证经济一方面让生产资料回归个人，生产者不再仅仅是“打工”的角色，而是有着足够的“利益驱动”；另一方面，通证系统中没有森严的等级，每个人都是平等的节点，只有贡献的大小，而贡献的大小取决于个人的努力程度。没有先来后到，大家的合作基于社区的共识，通证就是信用，再小的个体也都能找到自己的小组织，并充分发挥个人所能，为社区做贡献，获得奖励。

3. 让生产成果公平分配

当前很多的分配制度，是建立在对生产者剩余劳动价值榨取和中心化的基础上，是不透明、不公平的，其结构就像是一个“金字塔”：能站上财富顶端的是资本家、精英、平台，塔基是大量生产者，而这个金字塔模型是固化的世界，没有所谓的过渡地带，横亘在两者之间的只有一条明晰的单一的分配规则，比如固定工资或等级明确的业绩提成。

也就是说，劳动创造价值，而劳动者不享有价值，即创造价值的人不享受价值，享受价值的人不创造价值。

但是通证的世界只相信代码，每个人都可以配置单独的数字账户，每个行为都以智能合约方式被动执行，从分配上做到了去中心化，分配权被公认的代码取代，每个人的贡献、价值以 Token 衡量，其中每个节点拥有的资产还具有期货属性，可享受长期的增值收益。

另外，通证社区的建设也并非以赚取剩余劳动价值为目的，其目标是在成本效率保持基本不变的情况下，使分配机制变成人人贡献、人人收益。其本质是找到了区块链这一技术手段，让更加公平合理的分配机制规模化。

每一次商业世界的变革，其实都是生产关系的变革。当生产者、生产资料和生产成果分配产生质变之时，人类组织形态和商业组织便会发生改变。

将被倾覆的公司制

公司制度可以说是人类进入资本时代以来最伟大的发明，对整个社会的进步起到巨大的推动作用。其最大优势是将成本和效率的优化达到极致，将整个社会的运转效率大幅度提升。

但是，随着计算机、互联网、移动互联的应用，公司制的成本和效率优势在发挥到极致的同时，其存在的问题也日益突出，到了需要重塑的时候。

资金已经不再是最重要的，知本才是最重要的。

资产价值发生迁移，数据和用户是未来最有价值的资产。

价值来源改变，导致公司关系逻辑改变。

以前经营公司，只要融资，有资本便可以雇佣人，买生产资料，扩大再生产，但是在这个碎片化时代，创业者已经不需要仅仅靠资本去创业，比如众筹创业、内容创业、粉丝创业，资源的组织形式发生了变化；公司的资产负债表体现的只能是设备、厂房、土地等实体的资产，数据和用户是未来最有价值的资产，却没有在资产负债表中体现出来；一直以来公司制都遵循着员工拿工资、高管拿奖励加期权、渠道商挣取差价、合伙人挣分红，现在这个逻辑变了，因为公司的价值来源不再依赖对剩余劳动价值的榨取，而是回归到人，一个人的知识能力、管理能力、生产能力、技术能力等都可以成为公司的价值来源，是以个人为核心，而不是围绕产品，也不是围绕公司。

通证经济颠覆了公司制的核心价值——股东利益最大化，也颠覆了公司本身。通证经济使价值回归个人，资产数字化，每一个社区成员都具有多重身份，个人对行业的价值不仅仅在于劳动剩余价值，也在于其所具备的知识、技能、兴趣爱好等，并以智能合约的方式透明、公平地人人参与，人人共享利益。

通证经济将颠覆公司的资本结构基础——投资者与管理者、公司股权、资产、债权、资本、资金；

通证经济将颠覆构成公司组织架构的公司治理结构——股东会、董事会、管理层和员工；

通证经济将颠覆公司财务制度基础的会计报表——成本、资产、负债、利润、收入、折旧等；

通证经济将生产资料和生产过程分布式碎片化、颗粒化、可信任化，赋予了更多的可操作空间。

通证经济将原本资金流的交换智能化处理，降低交易成本。

当然，这样的颠覆并非一蹴而就，而是以一种迭代的方式进行，其过程可能是从通证经济与公司制相结合的新的运营主体 DAC 到真正去公司制的“通证主义社会”。而 DAC 和 DApp 相结合，可以打造商业多元化价值实现路径，也就是我们下一节要介绍的内容。

02

“价值网络”遍及全社会

人类社会就是一张有意义的价值网，而这张网，是我们所有人达成某种共识构建出来的。

——《未来简史》

曾有人表达过这样一个观点：互联网实现了信息的传播，区块链实现了价值的转移。

在互联网世界里，我们可以方便、快速地生成信息，并通过复制粘贴的操作将信息传播到任何一个地方，但是很多这样的复制没有任何实际的意义，它为我们构建的是一个信息分享的网络，但也是一个信息泛滥的网络，而并非一个真正的价值网络。

价值网络将由真实的用户需求触发，由用户、供应商、合作企业及他们之间的信息流所构成的一个动态网络，为所有参与者提供价值，参与者之间是基于共识、数字化的网络而运作。

通证经济，依托区块链技术，在互联网基础协议层次实现了两个功能：价值表示——Token，价值转移——Token；而在应用层面，通证经济正在以新的主体DAC及新的终端工具DApp为我们架构起一个价值网络。

当今，我们可以看作是通证经济发展的1.0时代：区块链告别投资者和投机者的空转，正在落地实体经济，得以让通证经济真正被运用到项目的核心业务和用户中，构成一张真正的商业价值网络。这样的落地除了前面已经介绍的通证系统建设，也需要一个运营的大框架："DAC+DApp"。

DAC——分布式组织系统

DAC的全称是Distributed Autonomous Corporation，可以翻译为分布式自治系统，就是通过一系列公开公正的规则，在无人干预和管理的情况下自主运行的组织系统。

比如比特币，它就是一个典型的DAC，其大多数规则如数量上限、奖励机制、运作规则等都是公开、透明的，社区成员依靠这些规则实现自治管理。但是如果换一个我们熟悉的角度来看，将比特币看作一个公司，将数字货币看作股份，我们会发现它的运作模式是用自己的“股票”来支付它们所需的服务——计算资源和带宽，最后赚取的利润按照股份比例转移给“股东”（用户），就像那些实体公司一样。

因此，有人将DAC概念做了延伸，将其定义为自商业公司，其组织核心要素有三个。

链，使制度、规则不依赖人而自行组织运行。

Token，设计经济激励模型。

社区，DAC组织形式。

关于DAC，我们可以用一幅图进行直观表示，如图7-1所示。

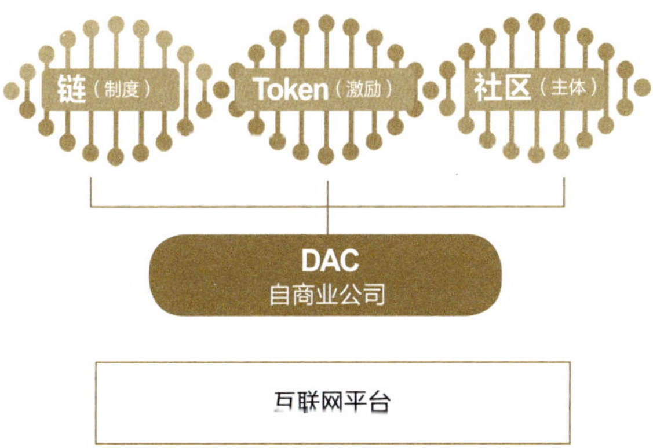

图7-1 DAC

DAC 的形成需要一个启动过程，比特币花了 9 年时间，以太坊在此基础上花了 3 年时间，而 EOS 只花了 1 年时间，并为我们提供了一个经典示范，如图 7-2 所示。

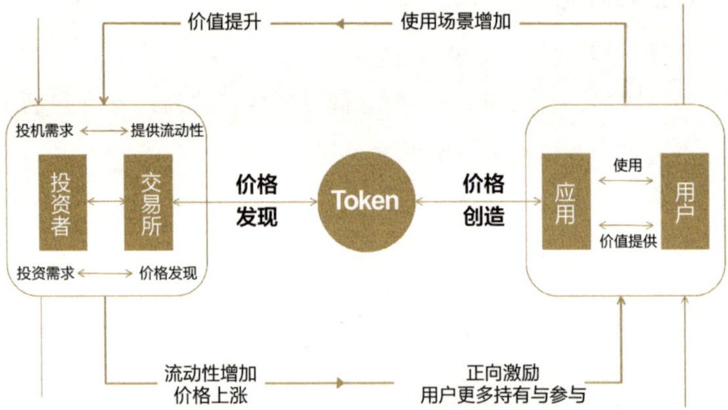

图7-2 DAC启动过程

从这张图中，我们可以看出：DAC 不是拿钱组建团队、开拓市场，而是直接使用通证经济中数字货币的金融属性启动一个 DAC，价值表现是用 Token 在通证系统中表示某种价值，并实现价值转移。

DAC 虽然是去中心化的商业自治，但是其建立的过程却是中心化的。eosDAC 是 BlockMaker 公司建立的，只是依照这样的建设模式，社区建立起来之时，公司便失去了对社区的管理权，社区的控制权掌握在所有 Token 持有者手中。

也就是说，并非所有的 DAC 都需要去中心化，比如以太坊在一定程度上有中心——以太坊开发团队，而EOS则有实体公司BlockMaker。在目前的市场转型中，也很难做到绝对理想的去中心化，不要绝对、理想化地去中心化是我们目前进行通证经济建设的必要共识。

因此，对传统企业来说这是一种全新的商业模式，一次商业组织形式和组织生态的改革，其中互联网平台因其技术特点、以用户为核心的商业模式，相比传统企业，更容易建立或转化为DAC。

变革模式有了，如何将这种模式更好地落地运用呢？答案是通过DApp。

DApp——分布式应用程序

DApp是Decentralized Application的缩写，可以翻译为分布式应用程序。它与App一样是终端应用程序，但是与App不一样的是，App是中心化的，需要请求某服务器来获取数据、处理数据等，DApp运行在去中心化的网络上，即区块链底层平台，区块链网络不存在中心化节点，可以完全控制DApp。

相比传统App，DApp的优势在于分布式网络带来的永不宕机（死机），去中心化结构下的没有审查以及保密算法带来的隐私保护。

目前 DApp 依赖的区块链底层平台类型主要有三类。

公有链，任何节点向任何人开放，没有中心服务器，完全依赖链上的参与方基于共识机制开展工作，而且任何人都可以下载获得完整区块链数据（账本），如比特币、以太坊。

联盟链，只针对某个特定群体的成员和有限的第三方，其内部指定多个预选节点为记账人，每个块的生成由所有的预选节点共同决定，如由 IBM 推出的 Fabrice 以及金链盟开源的 FISCO BCOS。

BaaS，是指将区块链框架嵌入云计算平台，利用云服务基础设施的部署和管理优势，为开发者提供便捷、高性能的区块链生态环境和生态配套服务，支持开发者的业务拓展及运营支持的区块链开放平台，其实就是一种结合区块链技术的新型云服务，比如微软的 Azure 云计算平台、IBM 的 Hyperledger 云平台。

区块链的解决方案主要是在底层平台的基础上展开的，底层平台便于开发者基于区块链技术开发产品和应用。目前主要的区块链底层平台有以下几个。

比特币，最早的区块链开发便是基于比特币的区块链网络进行的。

以太坊，一个图灵完备[1]的区块链一站式开发平台。

EOS，具备全球技术精英，在社区运营方面表现突出。

IBM Hyperledger，又叫 Fabric，源于 IBM，初衷是服务于工业生产，其目标是打造一个由全社会来共同维护的超级账本。

LISK，新一代的区块链平台，允许 JavaScript（JavaScript 技术）的开发和基于分布的分散的应用程序使用的一个功能齐全的生态区块链系统。

网录区块链平台，是网录区块链底层技术的研发成果和能够进行商业交付的基础平台，网录区块链平台除了服务网录公链外，也是网录为客户打造私有链和联盟链的基础平台。

除了以上几个平台，区块链底层平台还有很多，最重要的是要结合自身的 DApp 业务特点和业务逻辑选择相应的底层平台。

当然，我们学习运用通证经济，不是学习区块链的底层技术，而是学习 DApp 的开发运用，构建自身能够运行在区块链环境上的应用程序。

① 图灵完备：在可计算性理论里，如果一系列操作数据的规则（如指令集、编程语言、细胞自动机）可以用来模拟单带图灵机（抽象计算模型），那么它是图灵完备的。这个词源于引入图灵机概念的数学家艾伦·图灵。

那么如何进行 DApp 的设计与开发？有几个参考要素：

必须开源和自治，且没有一个实体控制的超过 51% 的 Token；

数据必须加密存储在公开的区块链上；

Token 的产生必须依据标准的加密算法；

必须有激励机制，矿工和节点维护需要得到 Token 奖励；

能够根据用户的反馈和技术要求进行升级，且升级操作以大部分用户达成共识后方可进行。

需要提醒的是，鉴于当前的区块链技术水平，在设计 DApp 流程和数据存储时，为了兼顾效率，需要考虑好哪些数据必须上链，哪些数据可不上链，一定不要为了上链而上链，一定是以项目本身的效率和成本需求为依据而作出取舍和平衡。

DAC 是对组织管理形式的变革，让人人都可成为通证经济价值网络的“主人”；DApp 是应用程序（工具）的革新，让人人都可以更好地接入通证经济这张价值网络，实现价值共享。“DAC+DApp”的组合会是当前实现价值网络构建的一个标准框架，目前虽然处于前期发展阶段，却是必然趋势，具有广阔的发展前景。

03

人类货币系统大冲击

> 必须决定并宣布货币政策的目标，而且对每一次所采取的措施的理由，都必须加以说明。如果公众都能充分认识货币管理机构所采取措施的目的，他们的行动将和这目标相适应，这样对货币纲领的实行就有帮助。
>
> ——《货币和资本理论的研究》

一直以来，货币是人类资产、财富、价值最“实在”的载体：在商品生产条件下，货币作为商品价值的代表，直接体现社会劳动，可以体现其他一切商品的价值和购买其他一切商品。从货币的功能来看，反映商品生产者之间的生产关系，有五种职能：价值尺度、流通手段、贮藏手段、支付手段、世界货币。

从古至今，货币的形式也经历了“实物货币—金属货币（金银）—信用货币（法币）”几个阶段。

然而，数字货币以一种全新的货币形式出现在大家的视野中，人们开始重新定义对货币的认知，重新打量自身资产及配置形式，而作为法币的发行方，国家银行也在积极对接区块链技术，打造自身的“数字货币”。

不管处于哪个时代，人类社会谈资产、财富、价值必绕不过货币，当通证经济重构起一个价值网络，区块链的技术特点，Token 的数字资产化、货币化，越来越多地作用于当今的金融系统、货币系统时，也正在催生一场货币系统的数字升级。

数字技术带来的冲击

信用货币时代，最重要的在于“信用”二字，也就是信任机制，而这样的机制是中心化的，比如法币的发行是以国家背书的信任机制。随着互联网的发展，新技术突破了传统金融模式的一些局限，出现了新的信任机制——数字信任机制。

比如，阿里巴巴利用大数据挖掘小微企业和普罗大众的信任，其旗下的蚂蚁金服和网商银行 2016 年时就为

500多万户小微企业和个体经营者累计发放了8000多亿元的贷款，更别说还有针对个人借款的花呗——这是大数据技术建立的“数字信任机制”，但实质上还是建立在中心化的基础上，其中心化操作也无法保证数据真实、可靠，本质上是一种创新的以营利为目的的互联网金融产品。

而通证经济的出现则是真正建立了技术背书的数字信任机制：通过分布式、加密算法、共识机制等解决信任问题，以代码表达规则。在这样的数字信任框架下：

代码即法律，一切行为都要遵循可信、可靠原则，并通过共建、共享建立具有高度共识的数字信用系统；

通过Token的数字资产化、价值载体、支付手段等作用，推进技术、资本、资源、市场等资源高效整合，并可货币化地作用于金融领域；

可结合大数据、AI、云计算等高新技术，重构金融服务流程，打造多维度、一体化的金融服务。

除了信任机制带来的冲击，通证经济数字技术还有三个重要启示。

通证经济的基础是一套运算加密算法，融合了分布式时间戳、公共密钥和工作系统证明，这对改革当前的电子商务交易方式有着极其重要的参考意义，是金融行业未来的风向标。

去中心化，对未来金融的影响在于金融资产可以在全球低成本地转移，靠全球的P2P信用体系自治，从而舍去了巨大的可信第三方成本，也就是说，银行在金融中的地位将被削弱，这是国家所不愿意看到的，各国银行必然会采用各种新的工具和技术，加强自身对金融系统的“控制权”，因此必然顺应这样的趋势，建立其自身的“数字货币”，也就是货币数字化。

区块链技术在不断创新升级，支付确认时间更快，支付方式更便捷，通过手机客户端就能完成交易，这更奠定了无纸币时代将成为世界未来发展的必然趋势。

也正是这三个重要的启示，加之全球以互联网金融为主的创新模式正在飞速发展，世界各国中央银行纷纷走进了“数字货币”时代。

加密货币冲击下的央行数字货币

10多年来，数字货币和区块链的不断发展，带来了当前全球性大规模的数字加密试验，这也让各国中央银行不得不严肃考虑一个问题：中央银行是不是也应该发行数字货币？

而在2018年，一则中国央行推动的基于区块链的数字票据交易平台已经测试成功，由央行发行的法定数字货币已经在该平台运行的消息曾被人们津津乐道。我国也是最早研究央行数字货币的国家之一，2014年就开始着手，数字货币的发行将由央行主导，在保持纸币发行的同时，流通中的现金由一部分“数字货币”替代。发行者可以采用安全芯片为载体，来保护密钥和算法运算过程中的安全。总体框架还是在中央银行和商业银行二元体系下完成，中央银行负责数字货币的发行与验证检测，商业银行负责申请数字货币，直接面向社会，搭建应用生态体系。

那么，央行发行的数字货币和币圈中的数字货币到底有何区别？

目前，关于央行数字货币各国还没有达成共识，但是在2018年，国际清算银行（BIS）在一篇报告中使用了四个维度的标准：

是不是可以广泛获得；

是不是数字形式；

是不是中央银行发行的；

是不是类似于比特币这种技术产生的代币。

根据这四个标准：现金是可以广泛获得，非数字形式，由中央银行发行，以代币形式存在的货币；存款是可广泛获得，是数字形式，非中央银行发行，不是代币形式的货币。它们都不是所有条件都满足，因此不是央行数字货币。

因此，央行数字货币有两种可能。

CBDA，中央银行的账户向社会公众开放，允许社会公众像商业银行一样在中央银行开户，因此可以称为基于账户的央行数字货币（Central Bank Digital Account，

CBDA）。

CBCC，中央银行以比特币这种技术发行的Token，可成为基于Token的央行数字货币（Central Bank Crypto Currency，CBCC）[①]。

CBDA可以看成是中央银行开发了一个超级支付宝，以账户的形式面向所有C端用户；CBCC则是中央银行以通证经济的形式完善、补充当前的货币体系，可以面向批发，也可以面向零售。但是，有一点是一样的，它们的本质是数字化的法币，因为它们依靠国家信用，具有法定地位、具有国家主权背书、具有发行责任主体，其发行机制依旧是“中央银行—商业银行”的两极发行机制，只是由银行实体转向在云平台上完成。

当然，两种不同的“技术路线”代表着两种不同的方向，哪种路线未来将占据主流，还未能下定论。但是世界上大多数中央银行不是很认可CBDA，因为它们不愿意舍弃传统金融体系，依然希望能够将前端的服务交由金融机构合作，将中央银行置于后端，而不是自身直接杀向前端。因此，学界和业界更多的是积极开展CBCC模式研究。

而央行发行数字货币对央行及当前的货币体系来说却有着显而易见的好处。

① 参见姚前所著《数字货币的前世与今生》，首发于《中国法律评论》（第169—176页），2018年第6期策略栏目。

以我国为例。坏账、问题账目、业务流程烦琐、人工费……银行业务效率低下且成本也一直居高不下；第三方支付平台、金融乱象、低效的监管体系……在“央行—商行”的二级体系下，央行发行的基础货币的最终去处难以确定，传统的央行货币传导机制开始失灵；金融危机、全球化、中美贸易摩擦……在美国咄咄逼人的外部和内部实体压力下，继续对金融体系加强监管，国务院金融稳定发展委员会已经成立，央行的职能也大大增强，肩负着防范系统性风险的重任。

央行发行数字货币有以下三种优势。

在业务方面，为银行间支付清算创造了一种新的模式，可优化零售端人民币的支付功能，提升支付的便利，若与其他金融机构有效融合，还有助于社会节约成本，提升效率。

在金融稳定方面，使得人民币与通证系统的资产有了更紧密结合的机会，从而对各行各业的供应链体系和国际贸易体系拥有更强的渗透性，同时在通证经济的世界里，央行发行的数字货币作为硬通货的可能性大大增加，一方面可以更好地预防通证经济的金融乱象，另一方面对人民币国际化的远期目标有着巨大的推动潜力。

在监管方面，央行数字货币能够更好地监测货币流向，除了能打击洗钱等犯罪行为，更是为有效调控经济行为提供了最真实的数据资料。

2018 年 12 月 20 日，中国银行原行长李礼辉博士在清华大学经济管理学院数字金融资产研究中心主办的数字金融资产大讲堂的主题演讲中提出，一个国家或者一个经济体如果不能保持经济发展和金融稳定，如果不能保持法定货币有竞争力的便利性，法定货币就有可能被虚拟货币取代和驱逐。可见，当前的数字货币对货币体系的影响之大。

数字黄金启示

通证经济已经开始渗透进人类商业发展的本质领域，也将从“个人—公司—国家”的不同层次，融合性、系统化地构建一个全新的人类商业秩序。

此时，你将如何把握商机？

你会考虑DAC转化吗？

你懂得如何发起一个DApp项目吗？

你的通证项目如何借力央行的数字货币？

数字黄金启示

CHAPTER 8 | 第八章

通达天下
——数字维度下的新文明

数字经济包含两个过程，一是资源数字化，二是数字资产化。AI、IoT，能够很好地实现数据化，但是唯有与通证经济相结合，才能让数字资产化，赋能实体经济。而“AI+IoT+Token”，也会是我们思维和意识的一次“数字化升级”过程，从而由外而内地真正构建起人类社会新文明。

01
人类纯理性“生命体”诞生

我无权去评判他人的生活，我只能为自己作出判断。意义与实在并非隐藏于事物的背后，而是寓于事物自身，寓于事物的一切现象。当一个人能够如此单纯，如此觉醒，如此专注于当下，毫无疑虑地走过这个世界，生命真是一件赏心乐事。

——《悉达多》

通过几何，我们将空间以数字的方式精确化了；

通过映射，我们实现了跨纬度对应；

通过方程，我们领略了对称结构的美妙；

……

越抽象，越接近本质，应用越广泛，数学是人类探索世界本质的最有力工具，用高级的抽象来解决更为复杂的实际问题。

只是历史上没有哪一个时代能像今天这样让数学迸发出如此的华彩和魅力。

随着互联网技术的发展，AI、IoT 正在改变人类数字化方式，Token 则以数字重构了人类的连接形式，组建起一个自金融、自组织、自进化的数学世界，对传统现实世界进行了一次深度改造，驱散纯理性世界的迷雾，让一片少有人知的理性时空以充满色彩的方式出现在我们面前，而这才刚刚开始……

通证经济是我们由现实世界向数学世界深度迁移的开始，是人类和计算机融合发展的更高阶段，它与 AI、IoT 紧密结合，共同打造一个全新的“数字经济体”，使之影响更加深远，对世界的塑造更加深刻，正在引领我们进入数字黄金时代。

AI+IoT+Token=SI

AI、IoT 和区块链的概念、范畴、应用都在随着时间不断升级和演化，AI 在 1956 年被提出后已经修订升级出无数个版本和范畴；IoT 也曾由 1995 年的“物互联”，演变成今天的物联网；而区块链已经从 1.0、2.0 发展到 3.0。

那么，如果将这三者结合，会带来什么呢？会出现什么样的场景呢？有人曾用一个公式来进行诠释：

AI+IoT+ 区块链 =SI（超级智能 Super Intelligence）

然而，区块链是连接技术，而真正实现连接的是 Token，因此，我们可以将这个公式进行演变：

AI+IoT+Token=SI

这个 SI，我们可以将其理解为一个能够对人类信息、数据自采集、自组织、自进化的“数字生命体”，在这个生命体中，AI 是大脑，IoT 是感官，Token 是神经细胞。

AI，研究、开发用于模拟、延伸和扩展人的智能，它企图了解智能的实质，并生产一种新的能以与人类智能相似的方式做出反应的智能机器，如机器人、语言识别、图像识别、专家系统，我们也可以简单理解为通过数字技术对人类大脑的模拟，赋予技术生命力，从而打造一个机器大脑或“数字大脑”。

IoT，是互联网、传统电信网等信息承载体，让所有能行使独立功能的普通物体实现互联互通的网络，拉近分散的信息，统一整合物与物的数字信息，它好比是人的眼耳鼻舌，获得外界的感知，积累原始的信息数据。

Token，利用区块链的块链式数据结构来验证与存储数据，利用分布式节点、共识算法来生成和更新，利用密码学的方式保证数据传输和访问安全，利用代码构成智能合约保证规范运行，它就是整个数字经济体的神经细胞，彼此的连接构成神经网络，让人类信息、数据通证化地在整个社会中传递。

当这样的SI作用于人类社会时，会深刻改变人类原来的组织模式、生产模式、管理模式，生活中的方方面面也会被卷进来。而控制SI项目便能够获得巨大的权力，很有可能获得决定性战略优势。

必须匹配的思维转变

以前有一句话说，“Software is eating the world”（软件正在吞噬整个世界），现在应该是“SI is eating the world”（超级智能正在吞噬整个世界）。

在SI为我们开启的数字世界中：

每个人都是一个节点，价值分配，新的连接正在形成，你所处的地位和层级由你所带来的价值决定；

信用将变得格外重要，行为推导信用值，信用值为支点，能力为杠杆，人格为动力，联合撬动人的力量范围——财富值；

工作由“被动”变成“主动”，以前为了谋生，依托固定公司，在固定时间、地点重复固定劳动，未来要依靠人自身的特长，点对点对接和完成每一个需求；

人与人之间由讲究关系变成讲究规则，在SI建立的合理的社会结构中，每个人发挥自己所长，按规则运转，形成新秩序，遵守秩序就是道德，然后信仰就会水到渠成。

也许可以不夸张地说，将来的宇宙万物，大到社会，小到个体，任何形式的信息，我们的商业行为，甚至语言、思维、情感都会成为数字世界的一部分。

面对这样的新世界，是拥抱还是抵触，是清醒还是浑然不觉，人与人的差别在于认知。

所以，你基于什么选择？是认知。你是怎么思考的，怎么判断的？是靠认知。而一个新世界就是可以不断地颠覆你的认知，不断地促进你的认知发展。我们也应当从现在开始调整曾经的认知模式。

曾经奋斗的五大关键词是背景、学历、资源、人脉、资历；现在奋斗的五大关键词是知识、创新、独立、个性、理想。

曾经“外求”，求关系、求渠道、求机会；现在需要“内求”，“求自己”，激发起自己的兴趣、热情、希望、潜能。

曾经奋斗有三种境界——为了和谁一起喝咖啡，不是为了和谁一起喝咖啡，不再需要陪谁一起喝咖啡；现在奋斗只有一个境界——做自己，和而不同，会成为人与人直接的主流关系。

曾经我们被木桶原理所束缚，即短板限制了我们的水平；现在长处决定我们的水平。

……

依托 SI 的数字世界，当我们真正由外而内地回归自身价值，你的生命一定是精彩纷呈的。

02
商业文明新征程

那美好的仗我已经打完了，应行的路已经行尽了，当守的道我守住了。从此以后，有公义的冠冕为你留存。

——《圣经·新约》

历经多年发展，互联网的商业模式已经很清晰，产生了美国的“GAF”（Google 谷歌、Amazon 亚马逊、Facebook 脸书）、中国的“BATJ”（Baidu 百度、Alibaba 阿里巴巴、Tencent 腾讯、JD 京东），但是也出现了很多问题，有人称是互联网漏洞，如巨头垄断、注意力稀缺等，需要修正；有人称互联网创新处于“伤停补时”阶段，越来越难出独角兽。

正当人们纷纷进行互联网反思之时，区块链却爆发了点石成金的魔力。2018 年年初，早已衰落的胶卷公司柯达宣传将推出基于区块链的摄影师版权交易和管理平台，随后其股价立刻飙升 76%，柯达依靠区块链实现了“枯木逢春”。越来越多的企业也开始纷纷瞄准通证经济领域，寻求这样的魔力转型。

其实任何商业魔力的爆发，其背后都有着深层次的原因，其最大的力量来源会是时代发展趋势所带来的强大势能。通证经济的魔力也是如此，而其魔力最大的作用在于对人类商业文明进程的改写，基于通证经济，人类商业发展将进入一个全新的历程。

时代发展改写商业价值理论

大家都知道经济学关注的主要有两种基本关系：

人与自然的关系，也就是物质生产活动；

人与人的关系，也就是社会交往行为。

这两种关系具体到价值理论上，人与自然的关系体现在财富的产生，人与人的关系体现的是财富的主体属性。基于这两大关系的研究，我们所熟知的价值理论有如下两种。

古典经济学和马克思经济学的价值论——劳动价值

论，以供给、成本角度讨论价值，认为价值反映人与人的关系和财富的主体属性，而不涉及人与自然的关系和财富的客体。

新古典经济学（包括制度经济学）和奥地利经济学价值论——效用价值论，认为价值是人们对使用或消费商品的主观感受和判断并不包含客观因素。[①]

古典经济学盛行于工业革命前期，也是人类资本制度生产关系产生的关键时期，资本家依靠资本和资源，最大程度攫取劳动者的剩余价值，故而其侧重人与人的关系；新古典经济学盛行于工业革命兴盛时期，人类生产力和生活水平极大提高，人们也已经“习惯”资本制度下的生产关系，人与人的关系被弱化甚至隐藏，日益突出的是社会产品的丰富性，故而其侧重人与物的关系。

其实，人与人的关系、人与物的关系在经济行为中并不是分开的，而是在同一个过程中发生的，在当今互联网时代，我们再将其区别看待已经不符合时代的发展趋势了。

互联网时代，数字技术被广泛使用并由此带来了整个经济环境和经济活动的根本变化，生产力、生产方式再一次变革，产品过剩。

---

① 参见《经济学》，百度百科，https://baike.baidu.com/item/%E7%BB%8F%E6%B5%8E%E5%AD%A6/589379?fr=aladdin（访问于 2019 年 2 月）。

人与人之间的关系由“雇佣”变成“互利协作”，比如社区经济。

人与物之间的关系由“拥有”变成“使用”，比如共享经济。

由于互联网技术的重要性，也让人类的商业行为价值除了受供需规律的支配，还受以下三大定律的影响。

梅特卡夫法则，网络的价值等于其节点数的平方，即网络上联网的计算机越多，每台电脑的价值就越大，“增值”以指数关系不断变大。

摩尔定律，计算机芯片的处理能力每 18 个月就翻一番，而价格以减半数下降。

达维多定律，进入市场的第一代产品能够自动获得 50% 的市场份额，所以任何企业在本产业中必须首先淘汰自己的产品。

也就是说，不管是古典经济学还是新古典经济学，虽然对当今经济发展还有价值，但已经显现出局限性，且都没有关注使用权。而通证经济，

在人与人的关系之中，打破原有的雇佣关系，赋予了人与人互利协作的机制和生态。

在人与物的关系中叠加了一层使用价值属性，赋予了确权价值（拥有）及使用价值流通、交易的可行路径。

依托互联网，技术和应用的快速迭代升级，完全遵循互联网时代的发展法则。

通证经济符合当今时代的发展规律，必然也将作用于当今时代，其与大数据、AI、IoT 相结合将彻底改变人类的生产、消费模式，产生新的生产关系，形成新的社会价值观和经济价值理论，促进人类新商业文明产生。

当然，这样的改变并非马上到来，当前区块链和通证经济的发展也处于早期阶段。那么，在这新商业文明的黎明中，我们要如何抓住新的发展机遇，快人一步踏上新征程呢？

康波理论关注财富的未来趋势

对于时代大势的判断，很多人往往难以下手。其实有一个很好的办法——借助他人的理论工具，比如康波周期。

20 世纪 20 年代，苏联经济学家康德拉季耶夫，分析了英国、法国、美国等资本主义国家的大量数据后，提出在资本主义经济生活中存在 45~60 年的长期波动，这种长期波动被称为康波周期，我们可以将其概括为繁荣、衰退、萧条、回升四个阶段。

国内著名的康波理论研究者和实践者、已故中信建投原首席经济学家周金涛先生，曾于 2016 年 3 月在某沙龙活动中发表了主题为“人生就是一场康波”的著名演讲，依据康波周期成功预测了 2018 年二级市场的熊市，并直言 2019 年是实现人生财富飞涨的又一机会。

那么，为什么康波周期有着如此神奇的作用？原因在于其预测原理。

康波周期将科学技术分为科学原理、技术原理和应用技术三个部分，其关系是科学决定技术，技术决定应用，应用和技术又反过来推动科学进步。世界经济按照这样的发展逻辑已经经历了四次完整康波周期。

第一次“产业革命时期”，大概从1782—1845年，其标志是蒸汽机和纺织机在工业中的推广和应用。其中，1803—1815年发生拿破仑战争，去除战争时间，周期时间为51年，周期主导国为英国。

第二次“铁路化时代”，从1845—1892年，其标志是钢铁电力、机器制造、蒸汽机驱动的铁路推广和应用，周期时间为47年，周期主导国为英国。

第三次“电气、重化工时代”，从1892—1948年，其标志是电动机和内燃机在工业部门中的普遍应用。其中，1914—1918年发生第一次世界大战，1939—1945年发生第二次世界大战，去掉两次战争时间，周期为46年，周期主导国前期为德国，后期为美国。

第四次“汽车和电子计算机时代”，从1948—1991年，其标志是汽车和计算机在工业部门中的普遍应用，周期时间为 43 年，周期主导国为美国。[①]

按照其发展规律和顺序，我们正处于第五次康波周期——信息时代，标志是信息技术在工业部门中的普遍应用。

可惜很不幸，当前正处于这个周期中的衰退到萧条的阶段。1991—2004 年，信息技术爆发，经济快速发展，为繁荣阶段；2004 年互联网泡沫开始破灭，特别是 2008 年经济危机，从繁荣走向衰退；2015 年伴随全球资产价格动荡，周期从衰退阶段进入萧条阶段。然而，我们又是幸运的，2019 年是一个经济周期的大底，大底之后便是回升期，故而周金涛先生说，2019 年是实现人生财富飞涨的又一机会。

也许你会觉得这样的判断太过主观，但是如果我们从信息时代的发展特点来看，这样的预测并非没有道理，只是实际发生时与预测在时间上可能有所偏差。

信息时代与以往任何一个时代都不一样，科学发展由曾经生产推进科技发展变成科学先于技术、技术先于工业（最有力的证据便是区块链的发展）。战略性资源已经从资金、资源转变为知识和智慧，也就是说，更为注重人的能

① 参见《从历史看未来 浅析康波周期与技术革命浪潮》，新浪财经，http://finance.sina.com.cn/roll/2016-12-31/doc-ifxzcvfp5484210.shtml（访问于 2019 年 2 月）。

力和价值。而时代的发展，特别是通证经济的发展将会逐步为知识和智慧的爆发构建良好的商业环境，也改变了我们获取财富的方式。

纵向精细化发展，行业将越来越垂直，协作越来越完美，“差异化共存”成为商业主流。

点对点关系进化，每个人都是一个节点，数据自由共享，价值按劳分配，各尽其才，各取所需，每一个人都能找到与之相匹配的人，然后产生各种关系。

进行效率革命，区块链技术极大提升了我们流通、交易的效率，通证系统则将帮助我们把产品摆到最需要它的位置，或者分配给最需要它的人，并诞生一大批垂直应用软件或平台，解决产能过剩，创造更加普世的价值。

厚利到来，通证系统中产品开始走向个性化、定制化和个体化，增值空间被打开，从而步入厚利时代。

……

因此，面对 2019 年乃至今后的发展，我们不是消极沮丧，而是实现思维模式的改造和生存方式的更新，紧跟时代潮流，学会把握认知和利用以信息、技术为核心的“通证科学方法论”。

03
链起人类命运共同体

善者果而已，不敢以取强。果而勿矜，果而勿伐，果而勿骄。

——《道德经》

对于通证经济，有的人可能会将其归结为一种数字加密和传输技术；有的人可能推崇其货币化属性，认为其开启了一个全新的资产世界；有的人可能侧重行业运用，将其看成可颠覆行业现有运行模式的路径；有的人则看到的是其新的价值创造和传递模式……

这些看法都没有错，前文中我们也都进行了分析，但是急于套现的社会是没有发展前景的！

是的，中国正在崛起，在国际社会中越来越有话语权，“一带一路”、人类命运共同体也都充分显示出了中国的大国风范和日益增强的国际影响力。但是，中国经济转型还处于一个非常艰难的时期，甚至从某种程度上来讲才刚刚开始。因此在面对通证经济这样的具有强大爆发力的新生事物时，我们更要从一个更为宏观的角度，长远看待，以便能够让自己真正静下心来谋求发展。

昼夜星驰、风云变幻，人类也面临百年未有之大变局。关键时刻、十字路口，通证经济会是人类实现自身梦想在技术手段上的一个逐渐清晰的路径，只是这条路，我们要走得不骄不躁、不卑不亢、勇敢坚毅。

通证经济的技术思想与人类命运共同体

千百年来，不管人类社会治理模式如何演进，建设一个和平、平等、幸福的家园永远是全人类的共同梦想。为了实现这个梦想，人类历史上诞生了大量的社会理论，也进行了残酷的斗争实践，从茹毛饮血的原始社会一步步走到今天的富足和文明。

然而，今天这个梦想实现了吗？

政治多极化、社会信息化、经济全球化、文化多样化，各国间联系和依存日益紧密，但也面临诸多挑战：资源短缺、粮食安全、网络攻击、隐私泄露、气候变化、环境污染、跨国犯罪……全球非传统安全问题层出不穷，对国际秩序和人类生存都构成了严峻的威胁。

与此同时，不管身在何处，信仰如何，我们都已经处于一个命运共同体中。

敏锐洞察到这一趋势的习近平总书记在党的十八大后明确提出了“人类命运共同体”的中国方案，这是一种以应对人类共同挑战为目的的全球价值观，这种新的价值观强调的是人类求同存异、和平共处、平等互助，大家遵循共同规则、彼此信任，从而大幅度降低人类社会交易成本，使人类消耗最少的资源、创造最大的经济价值，这也一定会是人类命运的最终归宿。

然而，国际关系错综复杂，人性之恶依旧存在，各地区人群存在本位主义，缺乏足够的信任机制，人类在“囚徒困境”中不会选择全局最优，而是局部最优，这让人类命运共同体的实现困难重重。所以，想要打破这样的发展瓶颈：

建立一个高度可信的信任机制是基础；

设计一套科学、合理的共赢机制是条件；

构建一个透明、公平、公正的交易系统是环境。

当然，历史经验告诉我们，这样的建设仅靠美好初心和制度设计是难以解决的，必须有可靠的技术手段作为基础。通证经济恰恰在这一点上能够解决这几个问题。

起源于数字加密货币的区块链，可以忠实地记录每个个体乃至整个人类社会的活动，用数据和算法去信任化；

通证系统本质上更是一个激励机制，可以实现人类的合作共赢；系统的运作依靠代码和算法生成的共识，透明、公平、公正。有了一个可信的人群环境，很多行业基础都将发生改变，其发展内涵和运行机制也会被重新设计，而新规则则是建立在全球一体化、和谐发展的基础上的，因而必然也会极大促进人类命运共同体的建设。

所以，通证经济不仅是一项技术、一个工具，也是一种高效、协作的技术思想，一种关于信任、公平的哲学思想；不仅是可以很好构建人类命运共同体的技术手段，甚至可以是消除霸权主义、极端主义、民族主义的思想工具，人类命运共同体也将会在新技术和新共识的支持下最终实现。

中国发展新局势

如今，区块链、AI、IoT 成为三大支柱技术，特别是区块链或许会是 10 年后的“互联网”。同时，各国都非常注重“数字化”。比如我国，在党的十九大期间明确提出加快建设数字中国，要求进一步完善数字基础设施，推进数据资源整合和开放共享，保障数据安全。

“数字化 + 人类命运共同体”，让中国与国际深度接轨，正在产生新的发展局势。

人们将无工可打，打工的本质是出卖自己的劳动力，并不承担结果，但是今后每一个人必须通过主动思考去解决问题，并发挥长处为社会和他人创造价值，否则自身便没有价值。

人们将无生意可做，传统生意仰仗的是信息不对称，依靠需求和供给的错位从中牟利，而通证经济搭建的商业基础可实现生产者和消费者随时精准连接，所有中间环节被取消，“经商”一词需要被重新定义。

人们将无缝可钻，曾经一些制度有很多不完善的地方，导致每个行业都有潜规则，这让很多人可以通过不正当途径获得灰色收入，而在通证的世界里，规则、制度变得越来越透明，越来越完善，每个人都需要在公开、透明的情况下开展活动。

中国精神文明的红利期正在到来，传统的物质文明进程已经开始放慢，人们开始回归经商文明，文化内容开始增长，加之中国大国地位日益凸显，国际影响力不断增强，中国传统文化会是经济的一个增长爆点。

社会状态依靠利益互相制衡，通证经济中，每个人都可以与外界有着无数个连接点，并用 Token 绑定自己的行为，智能合约、共识机制能够让贪婪、懒惰、无知等人性的负面得到自然克制。

……

也许中国大国地位的崛起让你非常骄傲，这样的未来趋势一方面让你欢欣鼓舞，另一方面也让你产生强烈的危机感，加之当前社会的浮躁氛围，你的内心早已按捺不住地想要抓住通证经济这个强大的风口，乘风而上。但是就像本节一开始说的，急于套现的社会是没有发展前景的，中国经济正处于一个艰难的转型期，我们也正处于第五次康波周期的大低谷，况且通证经济发展尚处于早期阶段，美好未来的实现还有很长的一段路要走。

而我们自身发展也存在着三大软肋：

缺乏掌控世界产业命脉的真正核心技术，比如前文中介绍的目前知名的区块链服务平台几乎都是国外的；

缺乏高精尖制造，相信这一点在中美贸易战时已经体现得淋漓尽致；

缺乏真正能够引领世界的品牌，比如许多奢侈品品牌都是欧洲国家的，少数是美、日的。[①]

这些不是玩商业模式可以玩出来的，是需要我们静下心来，踏踏实实地长期坚守。因此，面对通证经济，不学 ICO，不玩估值，而是踏踏实实地立足自身行业发展现状，真正脱虚向实，为中国经济发展助力。而我们个人则要努力成为有文化、有知识，懂创新、会创造，读懂时代、迎接变革，携带正能量、愿意改变世界的人。

① 参见《向松祚：急于套现的社会没有前途》，新浪财经，http://finance.sina.com.cn/stock/jhzx/2018-08-13/doc-ihhqtawy0776834.shtml（访问于 2019 年 2 月）。

数字黄金启示

爱默森曾说过:“我们的生命是什么？不过是长着翅膀的事实或事件的无穷的飞翔。”当今的变革世界就是长着翅膀的事实，而通证经济则是可以让事件无穷飞翔的“翅膀”，只是在获取这对翅膀时，

你对自己的生命意义进行思索了吗？

你对自己的能力成长进行规划了吗？

你对翅膀的应用进行价值取舍了吗？

你真的做好充分准备了吗？